P9-DNK-618

CUANDO DIOS RESPONDE

¿Locura o misticismo?

TASHA MANSFIELD, PH.D.

Cuando Dios responde: ¿Locura o misticismo?

Título original:
When God Talks Back: Madness or Mysticism?
© Tasha E. Mansfield
USA

Todos los derechos reservados. Ninguna parte de este libro puede
ser reproducida ni almacenada en ningún sistema de grabación,
ni transmitida de manera alguna, así sea por medios electrónicos,
mecánicos, de fotocopiado, de grabación o cualquier otro, sin el
previo consentimiento por escrito de la autora.

Primera edición en español: abril de 2001

ISBN: 958968962-0

Editora traducción al español:
Cynthia L. Jenney

Editor:
Gustavo Nieto Roa

Traducción:
Walter Freddy Hómez Cruz
Osman Enrique Osorio

Coordinación:
Zenaida Pineda R.

Carátula:
División Centauro Internet

Artes:
Marlene Zamora C.

Printed in Colombia by:
Lito Esfera Ltda.

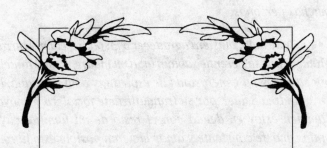

Este libro está dedicado

a mi hija,

Mia Michele,

una flor excepcional

en el jardín mágico

de lo Divino.

Agradecimientos

Aunque escribir un libro es una empresa solitaria, no puede cumplirse satisfactoriamente sin la contribución de muchas personas.

Ante todo, quisiera agradecer a mi padre, el Dr. Murray Mantell, por su perenne sabiduría; a mi madre, Rose Mantell, por su perpetua generosidad de espíritu; y a mi hermana, la Dra. Andrea Seidel, por su tranquilizante fortaleza y apoyo. También estoy en deuda con el resto de mi familia, cuyo optimismo, fe constante y amor hicieron posible este libro.

Al Dr. Shyam Kashyap, un ángel en la tierra. Las palabras no son suficientes para expresar mi profundo amor, admiración y aprecio.

Agradecimientos especiales para Cynthia L. Jenney, mi editora de la traducción al español. Sus incansables esfuerzos y profundo compromiso con la excelencia no tienen parangón. También quiero agradecer a Michael Leas por la visionaria portada que creó para la primera edición en inglés. Mi más sincera gratitud a David Freed, un espíritu benévolo y amigo del alma, y a mi editor, Gustavo Nieto Roa, un espíritu gentil que creyó en mí e hizo realidad mi sueño. Mi gratitud a Barry Wolfer por su colaboración.

A todos los talentosos y luminosos amigos que me han apoyado respaldando este libro, James Redfield, el Dr. Bernie Siegel, el Dr. Edgar Mitchell, el Dr. Carlos Warter, el Dr. Gerald Jampolsky, la Dra. Diane Cirincione y Jane Chaplin, siempre estarán en mi corazón.

Contenido

Prólogo

Cuando Dios responde: ¿Locura o misticismo? es un título que me llama la atención porque una de las preguntas que con más frecuencia se hace la gente es: ¿Será que Dios sí escucha y responde a mis súplicas? Una manera de saberlo es cuando los problemas desaparecen luego de una petición. Y aun así nos queda la duda de si efectivamente Dios está detrás cada vez que se nos da la solución.

Me gustaría compartir con ustedes una experiencia que siempre me ha parecido la respuesta a la pregunta anterior. Durante un tiempo había querido iniciar una empresa dedicada a la publicación de libros sobre temas que tuvieran que ver con la superación del ser humano, pero me inquietaba que no conocía escritor alguno con quien pudiera comenzar. Sin embargo dentro de mí tenía la seguridad de que tarde o temprano lo encontraría, pues todo pensamiento es una súplica que dentro de la dinámica universal de la creación siempre tiende a manifestarse.

Un día recibí en mi oficina de Miami un sobre con un manuscrito de un libro y una carta de la autora pidiéndome que lo leyera para ver si me interesaba publicarlo. En ese instante tenía otros asuntos importantes que atender, y dejé el sobre con su contenido encima de una mesa cercana a mi escritorio. Pasaron varias semanas antes de que me volviera a fijar de nuevo en ese sobre. Esta vez lo miré con curiosidad, lo abrí y comencé a hojearlo. Desde la primera frase me comenzó a interesar hasta el punto que no podía suspender su lectura. Llamé entonces a la autora para preguntarle si el libro aún estaba disponible, y me contestó que lo tenía reservado para mí y que estaba ansiosa de saber si yo ya lo había leído y si me interesaba publicarlo.

Tuve que confesarle que aunque tenía interés en crear una empresa editorial, ésta aún no existía; además el libro era en inglés y mis conocimientos del mundo editorial en los Estados Unidos no iban más allá de haber pisado algunas librerías. Entonces me dijo Tasha: "Ahí tiene el libro con el cual puede comenzar", y nos lanzamos a conquistar el mundo editorial de los Estados Unidos, donde cada día nuestro cubrimiento es mayor con libros tanto en inglés como en español.

Experiencias así me confirman que cada pensamiento que tenemos es un pedido que Dios responde, si lo dejamos actuar, como nos lo confirma la lectura de este libro que nos complace presentar ahora en el mercado en español. Le doy las gracias a la doctora Tasha Mansfield por haber confiado en nosotros y habernos dado el primer impulso para iniciar la editorial Centauro Prosperar. Estoy seguro de que la lectura de este libro cautivará a los lectores, especialmente a aquellos que se preguntan si efectivamente Dios responde a nuestras súplicas.

Gustavo Nieto Roa

Introducción

¿Qué es la mente? No es materia.
¿Qué es la materia? No es mente.
¿Qué es alma? Es algo inmaterial.
—*Hood*

La inquietante pregunta formulada en el título de este libro ha yacido latente en las mentes y los corazones de los seres humanos en todas partes del mundo desde la antigüedad. Antes de emprender la búsqueda de una respuesta a esta pregunta, debemos saber que hay más vida de la que alcanzamos a percibir con nuestros cinco sentidos. Necesitamos saber a ciencia cierta que en la rutina diaria de nuestra existencia hay un significado y propósito definitivo y profundo. Este requisito vital es un anhelo incesante, consciente o inconsciente, en toda la humanidad. Nunca estaremos completamente satisfechos con la creencia de que la vida, en todas sus manifestaciones, es arbitraria y gobernada por el azar.

El misticismo se define sencillamente como la naturaleza y el desarrollo de la conciencia espiritual. Este libro explora una filosofía de la vida que afirma la primacía del mundo interior del espíritu y la habilidad de utilizar esa senda para hacer contacto con "Todo lo que Existe". Este libro tiene como objetivo responder a las insistentes preguntas que todos los seres humanos nos hacemos sobre nuestra misión en la vida y nuestro lugar individual en el mundo.

¿Son las iluminaciones místicas que se han exaltado a través de los siglos auténticos vislumbres de la Existencia verdadera y la Realidad fundamental? ¿Existe un mundo incorpóreo y mágico paralelo a la realidad que percibimos sin dificultad y con el cual estamos intrínsecamente interconectados? ¿O sufren de trastornos mentales las personas que afirman haber hecho visitas conscientes a otros mundos y experimentado una estrecha familiaridad con ellos? Este libro examina estas enigmáticas preguntas en un intento por diferenciar la locura del misticismo. Al fin y al cabo, para encontrar las respuestas a estas profundas incógnitas, la dirección que debemos encaminar no es hacia el Oriente ni hacia el Occidente, sino hacia el interior.

En estas páginas se cuenta la historia de un viaje muy personal hacia el elusivo mundo de lo Divino. Este libro es un tratado de un viaje místico, una guía que trasporta al viajante espiritual en un recorrido detallado de maravillosos lugares mágicos que no se encuentran en ningún mapa. El traslado hacia este prodigioso reino recóndito no puede efectuarse utilizando las formas usuales de transporte. El único medio por el cual podemos alcanzar este misterioso plano de la existencia es la Mente. Así como un receptor de radio se emplea como herramienta para recibir y consolidar ondas radioeléctricas, la mente humana se puede entrenar para sintonizarse con la frecuencia de esta otra realidad.

Una vez allí, descubrirán un exótico lenguaje silencioso compuesto de símbolos y signos de alcance y significado universal. En este reino, la fluidez se alcanza con sólo entenderla.

Mi excursión no ha sido, por cierto, una experiencia única y exclusiva. A través de los siglos, muchas otras personas se han encontrado repentinamente en sincronía con el movimiento vital del Universo al igual que protegidas por un encuentro íntimo con la Gracia. Pero como la sociedad tecnológica ha seguido contribuyendo a un lento y metódico distanciamiento de la creencia en una Inteligencia Divina, nosotros nos hemos alejado del conocimiento directo de esta Realidad.

Creemos erróneamente que aún no hemos desarrollado los implementos e instrumentos necesarios para percibir los reinos invisibles. Con el invento del microscopio entramos de repente en un milagroso mundo microscópico anteriormente desconocido. Nuestra "realidad" cambió como resultado de este descubrimiento. El instrumento que debemos emplear para percibir la otra dimensión no la tenemos que inventar; ha estado siempre a nuestro alcance y en nuestro poder. Es nada menos que la imponderable maquinaria de la mente humana. Es como si hubiéramos estado mirando el agua contenida en un vaso sin percatarnos de que el inmenso océano es su fuente verdadera.

El catalizador que me llevó a sumergirme y preocuparme por esta búsqueda de la Verdad fue la combinación de un fuerte descontento con mi enseñanza tradicional como psicoterapeuta médica, los pocos resultados que estaba logrando con mis pacientes al utilizar esta metodología limitada, y más importante, una profunda experiencia espiritual espontánea. Esta experiencia ha causado un impacto trascendente en mi vida. Desde el momento en que lo tuve el mundo no ha sido igual. El choque de este primer "temblor divino" registró un colosal 9.5 en la escala psicológica de Richter. Las ondas posteriores, las cuales continuaron durante años, me apartaron gradualmente de mis actitudes analíticas y puntos de vista poco perspicaces.

Como consecuencia de esta profunda experiencia espiritual, me sentí obligada a aventurarme en años de examen de conciencia y estudio para obtener, al menos, fragmentos de entendimiento en cuanto a las fuerzas desconocidas que influyen en la vida cotidiana. Esta búsqueda se convirtió en mi meta principal con el fin de penetrar los misterios de estas prodigiosas energías benéficas. El material para este libro se fue acumulando poco a poco durante estos años de deliberación, investigación e introspección.

Durante casi un siglo, la ciencia de la psicología ha desempeñado un papel importante en la fragmentación del ser humano al sugerir, directa o indirectamente, o que no tenemos un aspecto espiritual o que éste, cuando se encuentra en su máxima expresión, es un claro síntoma de alguna enfermedad mental. Por supuesto, los libros de texto dan a entender que la religión en sí es perfectamente aceptable. Sin embargo, la dificultad se presenta no cuando una persona cree en y habla con Dios, sino en esos mòmentos CUANDO DIOS RESPONDE.

Como profesional en el campo de la salud mental, estoy entrando en terrenos dificultosos al hacer estas declaraciones. No es de extrañar que las decenas de miles de personas que han tenido alguna clase de experiencia mística o religiosa genuina hayan preferido permanecer en silencio, por temor a ser tildadas de perturbadas o dementes por la bien intencionada comunidad de psicólogos y, por consiguiente, ser tratadas con medicamentos supresores.

La ciencia y la psicología tradicionales, incluso algunas organizaciones religiosas, consideran que la mística contemporánea y los fenómenos religiosos son síntomas patológicos, ilusiones o mitos. Estiman que las personas que experimentan estos sucesos necesitan de una "cura" para volver a la normalidad. Estos calificativos negativos y erróneos se han calado dentro del pensamiento colectivo con consecuencias desastrosas. No obstante, es enteramente posible que mediante la aplicación de la ciencia en la exploración de los reinos desconocidos ahora incontables —y manteniendo las mentes y los corazones abiertos—, la línea divisoria entre el misticismo y la locura se aclare y se defina de una vez por todas.

Necesitamos conocer nuestra espiritualidad no sólo desde una perspectiva intelectual; necesitamos aprender a SER nuestra espiritualidad. Esto no se materializará hasta que los prejuiciados puntos de vista a los que la profesión de la salud mental se aferra sean reevaluados y reestructurados para permitir el reconocimiento de la existencia de los ámbitos espirituales y el apoyo a la naturaleza divina del ser humano.

Los místicos siempre han creído que la verdadera realidad de la vida puede encontrarse en lo profundo de nuestra naturaleza esencial y que es posible que todos experimentamos esa sensación de unidad que conecta los reinos interiores con los exteriores. Vivir de esta forma nos permite percibir objetos ordinarios y acontecimientos mundanos de una manera extraordinaria y entrar en dominios de la conciencia nunca antes imaginados.

En los tiempos bíblicos, el experimentar estados de conciencia extraordinarios no sólo era aceptado sino reverenciado como una bendición de lo Divino. A través de la historia, pensadores iluminados como Platón, Albert Einstein, William Blake, Walt Whitman y Carl Jung, para mencionar unos pocos, han reportado haber tenido experiencias místicas espontáneas, las cuales describen como la comunión con Dios o la fusión del alma con el Absoluto. La mayoría reportó haber tenido visiones o haber escuchado una voz divina o celestial. Después de mucho autoanálisis, a pesar del escrutinio de sus colegas, llegaron a la conclusión de que el ser humano tiene un enorme potencial para experimentar la realidad en formas que el pensamiento pragmático y analítico ha rechazado. Estos pensadores también creían firmemente que las historias bíblicas que se han contado durante dos mil años son, en su mayoría, precisas y literales en cuanto a las descripciones de las conversaciones entre Dios y Moisés, Cristo y los otros santos.

Los tabúes y estigmas que existen con respecto a las visiones y voces sobrenaturales aparecieron por primera vez cuando el método científico se impuso en el Siglo XIX y no pudieron comprobarse científicamente estos profundos acontecimientos metafísicos. De acuerdo a la mayoría de los científicos, las experiencias de ilustración e iluminación son simplemente el resultado de una intensa imaginación, de una superstición o de una desilusión. Esta perspectiva miope en cuanto a los misterios universales arcanos e inexplicables ha contribuido a impedir el crecimiento espiritual de la sociedad.

¿Acaso sólo en los tiempos bíblicos la gente ha podido dialogar y reunirse con Dios, tener visiones proféticas y curar a los enfermos? Creo que no. Nuestra naturaleza esencial no ha cambiado durante estos últimos dos mil años. Siempre hemos sido y siempre seremos seres espirituales disfrutando de una existencia humana.

Cuando coloqué un anuncio en un periódico nacional dedicado a la ciencia y la espiritualidad, recibí una avalancha de cartas en respuesta a una solicitud de anécdotas sobre experiencias espirituales, religiosas o paranormales. Casi todos los que respondieron nunca habían revelado a nadie los pormenores de su encuentro divino. Se sintieron muy felices al haber encontrado a alguien que estuviera dispuesto a escuchar sus historias y los tomara en serio. La abrumadora mayoría era gente sincera de mucha cordura que contaba relatos extraordinarios y conmovedores de su unión con el Infinito y una subsiguiente metamorfosis personal.

Una voz silenciosa nos habla a todos. Si estamos dispuestos a aquietarnos y escuchar, esta voz inspirará y traerá esperanza y una profunda razón de ser a todos aquellos que se esfuercen por encontrar la paz mental en este mundo tan difícil y agitado. Ha llegado la hora de sacar a la luz nuestra naturaleza divina de las sombras oscuras.

Tengo la esperanza de que estas crónicas le ayuden a descubrir esa voz silenciosa en su interior. A medida que hojee estas páginas, usted mismo podrá elegir la respuesta a la pregunta formulada en el título de este libro. ¿De qué se trata? ¿Locura o misticismo?

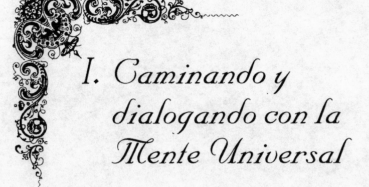

I. Caminando y dialogando con la Mente Universal

Camino a la cordura: La primera unión

La gran cordura, de seguro es una aliada cercana de la locura, y la línea que separa sus límites es mínima.

—Dryden

Este libro narra una historia muy personal. Es la historia de un viaje místico a un mundo previamente desconocido, un mundo milagroso colmado de verdades sin revelar y principios que yacen en la raíz del proceso creativo, un dominio saturado de conocimiento velado con simbolismo donde el pasado, el presente y el futuro se fusionan en un solo tiempo y espacio. Es un reino elusivo, el cual, cuando se entra, incita y enciende el proceso de transformación y de fe. Es un dominio en el cual existe una relación profunda entre todas las cosas, animadas e inanimadas, y la gracia divina se confiere a todos los que lo visitan.

Mi viaje por la antiquísima senda en busca de mi propio ser y del significado de la vida es idiosincrásico y universal. Ésta no es sólo la historia de mi retorno hasta mi Fuente; también ilustra y compara las experiencias de todos los demás seres humanos que a lo largo de la historia han sido testigos de las imponentes imágenes que adornan el pasaje que hay entre la naturaleza humana y la Divina. Este es un relato extraordinario de una persona ordinaria que ha recorrido algunos de estos caminos antiguos que muchos han transitado. Durante los 28 años de mi carrera como practicante de psicoterapéutica médica, he sido testigo de un mar virtual de almas desoladas, todas esencialmente formulándose las mismas e inquietantes preguntas: "¿Por qué estoy sufriendo?" y "¿Cómo puedo encontrar la felicidad?". La frenética búsqueda de la satisfacción y la paz mental se ha incrementado durante el trascurso de las últimas décadas a medida que nuestra sociedad se ha desplazado cada vez más hacia las metas económicas y se ha alejado de la realización espiritual y del verdadero significado de la vida. Para la mayoría, la inflexible búsqueda de la felicidad se ha vuelto una infructuosa misión de reconocimiento llevada a cabo con el alcohol y las drogas, las interminables distracciones de la mente o una aparente seguridad, bien sea financiera o emocional.

Debo admitir que yo también, por un tiempo, estuve cautivada por la ilusión del sueño americano, ese mito de identidad y éxitos personales definido como la suma total de las propiedades, logros y de la velocidad con la cual pueden adquirirse. A los 38 años, creía con mucha arrogancia que estaba en el pináculo de mi carrera y en el cenit de mi realización personal. Me sentía complacida con mis logros, y me identificaba con ellos como un reflejo de lo que yo era y de la forma como yo quería que los demás me vieran. Por supuesto, esta identidad cambiaría como la arena del desierto a medida que mis papeles en la vida cambiaban rápidamente de amiga a madre, doctora y profesora. En retrospectiva, no me encontraba sobre terreno sólido a pesar de mi total convicción de lo contrario.

Fue precisamente en ese momento de mi vida cuando los temblores psíquicos comenzaron a sacudirme. De repente, este tremor místico convulsionó y derrumbó todas las estructuras meticulosamente construidas, el sistema de creencias e identidades que como una fortaleza yo había erigido ladrillo por ladrillo a mi alrededor. Estaba a punto de descubrir que estas ideas cristalizadas me habían mantenido cautiva y emocionalmente presa durante décadas.

El Yo es la única prisión
que puede constreñir el alma.
—Henry Van Dyke

Aunque me había casado, criado una hija y viajado bastante, había dedicado la mayor parte de mi tiempo y energía a los objetivos académicos y a los logros profesionales. Durante los años de mi formación académica en la universidad, al igual que la mayoría, establecí y di forma a mi sistema de creencias sobre la vida. Mi perspectiva tendía a lindar en lo sarcástico y lo cínico, ya que percibía la condición humana como algo aparentemente arbitrario y sin sentido. En mi opinión, la gente nacía, corría desaforadamente en procura de sus metas, sufría en algún momento, se reproducía... y luego expiraba. Por mucho que trataba de hallarle algún sentido a todo esto, parecía no haber consonancia ni razón alguna para nuestra existencia, o por lo menos, ninguna que yo pudiera ver. Infortunadamente, a medida que pasaban los años, estas convicciones superficiales que había formulado se convirtieron en actitudes bastante inflexibles que se basaban en la premisa limitada de que "lo que uno hace es lo que es". Por supuesto, de acuerdo con esta perspectiva, me era extremadamente importante tener una carrera exitosa y proyectar mi imagen como alguien poseedor de riqueza, influencia y prestigio. El éxito profesional se convirtió en mi principal objetivo y motivador.

Mis estudios de postgrado en la psicología fueron esencialmente tradicionales con una fuerte inclinación hacia Freud. Durante la década de los 70, la mayoría de las universidades —y las facultades de psicología en particular— reprimían la originalidad y no fomentaban el pensamiento innovador y creativo. Mi instrucción fue estandarizada y basada en una tradición anticuada. Las ideas nuevas que desafiaban el *statu quo* eran desechadas rápidamente como si toda la institución educativa pendiera de un hilo delgado que podía reventarse de un tirón. Me fue difícil aceptar el grado de conformidad requerido para tener éxito y terminar satisfactoriamente el programa. Sin embargo, anhelaba profundamente hacerme doctora, así que me sometí con renuencia a las normas establecidas.

A pesar de mi actitud rebelde o quizás debido a ella, la educación y la exploración siempre me han apasionado. Había mucho que quería aprender. Aunque tenía la esperanza de adquirir el conocimiento que estaba buscando en la universidad, me gradué al fin sin mayores conocimientos ni más ilustración, pero sí completamente desilusionada y decepcionada. No había obtenido las respuestas para mis inquietantes preguntas sobre la naturaleza humana. Parecía que después de años de estudio lo único que había logrado era memorizar y regurgitar innumerables teorías y especulaciones. El día de mi graduación, ocultos bajo una sonrisa ornamental y escondidos en las profundidades subterráneas de mi ser, yacían los tristes murmullos de estas preguntas sin respuesta.

Nacida en el seno de una familia judía a finales de los años 40, estuve expuesta frecuentemente al antisemitismo cuando niña. La discriminación racial o de cualquier índole nunca tuvo sentido para mí. Sin embargo, me vi afectada por ella. Las doctrinas espirituales o religiosas no se trataban en las pláticas familiares. Así, a comienzos de la edad adulta, ya había descartado el judaísmo convencional con excepción de la práctica de unos pocos rituales ejecutados mecánicamente.

El trato que había tenido a través de los años con otras creencias religiosas no despertaba mi interés en lo más mínimo. No me convencía mucho el dogma que profesaban las organizaciones religiosas. Si es que tenía algunas opiniones sobre la espiritualidad, éstas tendían a ser de índole agnóstica, cuando no ateísta. Francamente, consideraba que las personas profundamente religiosas eran débiles y que necesitaban de ayuda psicológica. Había concluido que la devoción religiosa reflejaba la irracionalidad, la superstición e incluso la inestabilidad emocional y que la religión servía sólo para crear separación y conflicto en lugar de la armonía. Después de todo, se han iniciado muchas guerras a raíz de las creencias religiosas. Pomposa, me creía superior a las creencias "supersticiosas". Permanecía fiel únicamente a la lógica, al pragmatismo y a la ciencia.

En cuanto a mi desarrollo personal, los años más importantes, y de lejos los más influyentes, fueron los finales de la década de los 60 y comienzos de los 70. Éste fue un período de enorme trastorno social y espiritual durante el cual los sistemas y gobiernos existentes fueron blancos de los ataques de parte de las mentes inquisitivas y de los revolucionarios contraculturales. Las costumbres orientales invadieron el Occidente, trayendo las antiguas tradiciones espirituales, mientras la música de la época ayudaba a integrarlas profundamente en la psique colectiva.

La generación *hippie* de los años sesenta, de la cual yo formaba parte, acaudilló las manifestaciones estudiantiles y las protestas contra la guerra de Vietnam. Éstas, a su vez, formaron las raíces del arrollador cambio social que con el tiempo provocó la Enmienda de Igualdad de Derechos, los derechos civiles y el fin de la guerra. El programa espacial literalmente despegó, y el país se esforzaba por llegar a la Luna y a las estrellas. Durante esta era de conmoción social, me convertí en una revolucionaria y feminista típica de la época. Entrelazada en el cabello la distintiva corona de flores; me envolvía el cuerpo en los géneros multicolores estampados con los diseños psicodélicos característicos de la época, y mis pies con frecuencia estaban descalzos.

No obstante, aunque me encontraba comprometida con el movimiento pacifista, no sentía la más mínima paz interior. Tenía el corazón profundamente agobiado por los desórdenes civiles y el caos de la guerra. La violencia, los asesinatos y la brutalidad iban más allá de mi comprensión. Yo era una joven idealista con conciencia social, ignorante casi por completo de que mi necesidad de ser activista sociopolítica era un intento por darle significado a mi vida. A pesar del cinismo y petulancia que ocasionalmente me hacían perder la esperanza en el futuro del país, las fuertes motivaciones altruistas alimentadas durante esa época me impulsaron a escoger una carrera que me permitiera ayudar a mi prójimo. La psicología fue la elección que prevaleció.

Cuando esta época pasó a ser historia, mi idealismo juvenil también pareció menguar. Las décadas de los 60 y los 70 habían precipitado el debilitamiento de instituciones sociales tales como el matrimonio y la familia, el fortalecimiento del gobierno, el crecimiento económico masivo y el incremento del individualismo.

De repente me di cuenta de que mis intereses sociopolíticos se habían convertido en una remota y distante preocupación. Las aspiraciones utópicas y el estilo de vida algo hedonista los fui dejando a un lado debido a la cruda realidad de la supervivencia económica. Mis gafas de color rosa fueron reemplazadas por unos anteojos de receta médica. El trabajo, la preparación profesional y los deberes como madre desplazaron los actos intrépidos de mi juventud. Ahora la valentía consistía en encontrar guarderías, pasar los exámenes de postgrado y pagar el alquiler de la casa.

A los 25 años ya me había casado, divorciado y resignado a ser madre soltera. El padre de mi hija, debido a su habitual embriaguez, nos abandonó y luego se murió en un accidente causado por el alcohol. Mis intentos por cumplir con las demandas de los estudios superiores, un empleo de tiempo completo y mis deberes como madre dedicada y responsable frecuentemente me dejaban total y absolutamente agotada. Las presiones de la vida cotidiana me parecían agobiantes e inexorables. No obstante, seguía colocando un pie frente al otro con el fin de realizar mis metas, las cuales estaban grandemente motivadas por los deseos de la superación profesional y material. Si hubiera dejado de pensar en todas las responsabilidades, ¡seguramente me habría desplomado!

Mientras tanto, hacía falta en mi interior algo de suma importancia. Me faltaba algo, pero no sabía exactamente lo que era. La satisfacción parecía ser sólo una noción teórica. Me sentía cansada y apabullada por las penurias. Para arreglármelas, coloqué en piloto automático los botones en el panel de controles y me lancé velozmente hacia la vida, sin saber a ciencia cierta cuál camino escoger.

Con el tiempo, gracias a una tenaz perseverancia, cumplí mi meta de hacerme doctora en psicología. Como me veía en buen camino para realizar el Sueño Americano, creía que la vida sería más fácil y mis luchas terminarían. Ingenuamente, pensaba que por fin tendría control total y sería dueña de mi destino.

Sin embargo, ni las experiencias personales, ni los conocimientos científicos, ni los sueños más intrépidos me hubieran podido preparar para la desorientada, pero estimulante expedición que estaba a punto de emprender y cuyos efectos serían extraordinarios, instantáneos y permanentes.

La iniciación

Era el final de un día de trabajo común y corriente, lleno de las usuales actividades mundanas, responsabilidades y trabajo, trabajo, y más trabajo. Había estado pasando mucho tiempo en el consultorio debido a que la cantidad de pacientes y mis deberes como profesora habían aumentado rápidamente. Me parecía que nunca tenía tiempo suficiente para cumplir con todas mis obligaciones. Como siempre, estaba apremiada. Vivía rodeada de una enorme cantidad de trabajo, pero estaba determinada a adelantar una parte de él. Con resentimiento me comprometí a pasar más horas en el consultorio para hacerme cargo de ciertas labores administrativas. En medio de esta absorción en mi relación disfuncional con docenas de archivos desordenados, repentinamente fui estremecida por una voz tenue pero clara:

"Por favor, sal del consultorio ahora".

Sobresaltada, rápidamente miré por toda la habitación buscando la persona a quien pertenecía la voz. No había nadie. Aliviada pero intranquila, respiré suave pero profundamente varias veces, mientras emitía una pequeña risa nerviosa. Muy pronto me olvidé de lo que creía haber escuchado y reasumí el trabajo que estaba haciendo.

Apenas había transcurrido un corto lapso cuando escuché de nuevo, esta vez con más claridad, la misma orden verbal:

"Por favor, sal del consultorio ahora".

En un instante, mi calma se convirtió en gran aprehensión y confusión al conocer la fuente de donde provenía esta voz. En ese momento, me di cuenta de que este innegable sonido se había originado en mi interior. Con ese pensamiento, un formidable velo de ansiedad me envolvió en un apacible pandemonio. Afortunadamente, mi práctica como psicoterapeuta me ayudó a controlar mis emociones, así que a pesar de la agitación, emprendí un análisis de la situación y mentalmente repasé numerosas posibilidades y explicaciones para lo que estaba ocurriendo. Las alternativas iban desde lo práctico hasta lo absurdo, pero la explicación más probable era que me encontraba muy tensa y por lo tanto muy alterada.

En ese entonces, entendía y sabía muy poco acerca de los conceptos místicos. En cuanto a los sucesos paranormales, mi sistema de creencias estaba repleto de lagunas mentales o nichos psicológicos. Por ende, mi capacidad de entender lo que estaba sucediendo se limitaba a una estrecha estructura de opciones de diagnóstico. Por supuesto, no existía ninguna perspectiva más razonable o visionaria.

Con mucha ansiedad, seguía evaluándome y valorándome. Empaqué rápidamente mis pertenencias y me dirigí hacia la imaginada seguridad del estacionamiento. El soleado día que marcaba el Equinoccio de Primavera llegaba a su fin. Mientras la oscuridad de la noche hacía su aparición, salí del edificio y me subí al auto.

Llevaba unos diez minutos conduciendo, y todo parecía normal. Trataba de no pensar en el extraño suceso que acababa de ocurrir y afortunadamente eliminé todos esos pensamientos de mi mente. Sintiéndome un poco más aliviada debido a que me acercaba a casa, di la vuelta en dirección al occidente en una calle adecuadamente denominada *Sunset Drive* (Camino al Ocaso).

Cuando llegué a la esquina, me vi sorprendida por el más maravilloso y radiante ocaso que jamás había visto. Justo en el borde del horizonte se hallaba una enorme, deslumbrante y ardiente bola dorada, resplandeciendo como si fuera un espejismo de calor, reverberando e irradiando una profusión de colores que se conectaban con el cielo. Rodeando la circunferencia había una corona luminosa que la adornaba como un halo radiante. Repentinamente el aire se sentía particular y atípicamente fortaleciente y electrizante.

Durante este centellante momento en su arqueado sendero a través del cielo, el sol estaba sentado sobre la línea central de esta calle directamente sobre el occidente. Todo mi campo de vista se tiñó de azul lavanda y rosa. Lo observé cuidadosamente. Esta esfera resplandeciente parecía tener un brillo poco común y una luminosidad dorada. En ese instante, el brillante y dorado resplandor relampagueó desde el sol hacia la calle directamente hacía mí, irradiando una luz metálica por todo el camino frente a mí. ¡Apenas podía respirar!

Unos rayos cobrizos en forma de un láser perforaban las nubes. Me sentí estimulada por los penetrantes rayos de la energía del sol, los cuales inexplicablemente se fundieron con mi propia vitalidad exaltada. Parecía como si el sol estuviera ofreciendo una espectacular función sólo para mí, ya que seguía recibiendo un baño de fulgurantes columnas de luz tibia y rosácea. No pude menos que dejarme llevar por la revelación de que esta esfera brillante era la fuente de toda la vida. Inmediatamente entendí por qué en una época el sol era tan venerado.

La mente se me llenó de pensamientos sin sentido. ¿Qué estaba sucediendo? Había presenciado diez mil ocasos durante mi vida, pero ninguno como éste. Me sentía desorientada pero muy animada.

Un antiguo proverbio judío comienza sugiriendo que debiéramos llevar ropa con dos bolsillos. En el primero debe haber un pedazo de papel que diga, "Soy sólo polvo y cenizas". En el segundo, el proverbio aconseja, debe haber un papel que diga, "El mundo fue creado para mí". En ese momento, entendí el verdadero significado de esas palabras. Sentí una nueva y profunda riqueza interior.

De nuevo, escuché la voz:

"Conserva la luz, incluso en la oscuridad".

Las lágrimas comenzaron a brotar tanto por las poderosas emociones que bullían dentro de mí como por un creciente temor a lo desconocido. En retrospección, me sentía igualmente impresionada por la admiración y el pavor. Me estremecía con una tremenda confusión. ¿Qué podría significar esto? ¿Qué me estaba pasando? ¿Quién diantre me estaba hablando?

Estacioné a un lado de la vía y permanecí sentada en el auto durante lo que parecía una eternidad, observando la puesta del sol y considerando diligentemente las circunstancias. En mi campo de visión todo parecía extraordinariamente claro, prístino y resplandeciente. Los rayos del sol reflejaban un deslumbrante fulgor en las hojas de los árboles. Tan enaltecidas se veían con este brillo que los árboles parecían estar ardiendo. ¿Podría ser esto lo que experimentó Moisés en el Monte Sinaí cuando encontró la zarza "ardiente" que no se consumía? ¿Acaso vio una zarza tan radiante de fuerza cósmica que le pareció fuego? Mis pensamientos daban vueltas mientras buscaba las respuestas. Me quedé allí sentada casi paralizada por la confusión.

Una progresiva, incesante y caleidoscópica gama de colores emitida por el sol esparcía transparentes y lustrosos matices por todo el cielo como si se tratara de una pintura viviente. Las líneas de nubes formaban pinceladas surrealistas teñidas con un vívido y fosforescente lustre. Sólo entonces, un velo de tranquilidad se deslizó sobre mí como un fino manto de seda, y pronto sentí que recuperaba el equilibrio. Nunca había contemplado tanta belleza. ¡Había presenciado un ocaso por primerísima vez!

De regreso a la seguridad de mi hogar, seguí sintiéndome más tranquila y controlada. Extasiada en pensamiento mientras bebía una taza de té, lo único que deseaba era mi bien conocida versión de la normalidad. Pero entonces una vez más regresó la voz, hablándome periódicamente, frecuentemente con grandes intervalos de por medio. Dotada de una calidad didáctica tanto en tono como en contenido, señalaba áreas de crecimiento personal y espiritual y me asesoraba sobre mi desarrollo futuro. A pesar de que nada amenazante me fue dicho, albergué un temor creciente que hacía estremecer cada fibra de mi ser.

Hacia la media noche, los sentimientos efusivos se habían intensificado, y mi mente estaba inundada de eufóricas revelaciones. Un conocimiento fortuito fluía constantemente mientras estaba bombardeada por una sensación de ver las cosas TAL COMO SON. Sólo puedo describir esta iluminación intelectual como algo parecido a conectarse con mi mente a la inmensidad de Internet. Parecía como si la base de datos del universo entero estuviera a mi disposición. La sensación era semejante a enchufarme en una toma de corriente eléctrica. Yo era el enchufe; la toma era la Mente Universal, término que empleo para denominar la insondable inteligencia que llamamos Dios.

El pensamiento que hizo germinar este libro vino de la inspiración recibida durante esta primera noche, aunque el concepto de un libro sobre la espiritualidad y el misticismo me era extraño e inconcebible en ese entonces. Al fallar en mi intento por entender, primero, el enorme alcance de lo que me había sido comunicado y, segundo, por qué y cómo este intercambio se estaba efectuando, me sentí cada vez más intranquila y preocupada.

Acurrucada calladamente en una silla, tratando al máximo de calmarme, me parecía como si estuviera en una inmensa biblioteca. A través de algún proceso místico de ósmosis, una absorción mágica y sutil del conocimiento y la sabiduría contenidos en estos "libros" siguió calando en mi mente durante el resto de la noche. Mis pensamientos se llenaron de información y comprensión. ¡Estaba abrumada! Finalmente, bastante agotada, me dormí.

Esa noche soñé como nunca antes. Vívidos y enérgicos sueños emanaban desde mi profundo interior, aparentemente con el firme propósito de darle expresión a los verdaderos deseos de mi corazón. Una sensación de beatitud y santidad invadía mi estado de sueño junto a una insólita y curiosa vitalidad. Asombrosamente, permanecí completamente consciente y lúcida. Sabía exactamente dónde estaba y entendía que todo lo que estaba pasando en este estado de sueño era tan real como en mis horas de vigilia.

Extrañamente, mientras soñaba sentía la existencia de otra dimensión, de otro lugar inconcebible pero a la vez tan familiar como el mundo al cual normalmente me referiría como la "realidad". Por primera vez, experimenté la frontera entre el estado consciente en el plano físico y la conciencia que se vincula con la Mente Universal mientras dormimos. Me encontré en esa región periférica donde lo místico y lo físico se encuentran. El abismo usual entre los dos parecía ahora sólo una delgada línea divisoria. El fenómeno, las ideas, la vida y el conocimiento de esta otra dimensión se registraban en mi mente y se imprimían en mi cerebro como recuerdos.

Soñé que había ascendido al cielo y flotaba ceremoniosamente por el espacio, acariciada dulcemente por un universo benevolente con las estrellas como mis joyas rutilantes y la luna como mi luz nocturna. Con un solo pensamiento era capaz de desplazarme de un lugar a otro y ajustar la altura de mis viajes. En ocasiones, me encontraba en una pequeña cabaña de adobe sentada sobre una esterilla sosteniendo una absorta conversación con una anciana sabia oriental. Luego, me encontraba en medio de un grupo de personas, todas vestidas de blanco y relacionándose pacíficamente.

Varios de los sueños que tuve esa primera noche demostraron luego ser proféticos, aunque no de mucha importancia. Pero lo que más me impactó y alteró cualquier vestigio de sentido de estabilidad fue que al despertarme sabía sin lugar a dudas que dondequiera que hubiera estado y sea lo que sea hubiera experimentado era REAL. No se trataba de mi realidad normal, sino de otro fascinante y sutil reino que también era mi hogar.

Una tendencia peculiar se manifestó por primera vez en esa época. Todas las mañanas comencé a recordar mis sueños. Con mucha frecuencia, el sueño correspondía exactamente a los titulares del periódico matutino. No sabía qué hacer con esta singular anomalía, pero después de un tiempo, la encontré divertida.

Al despertarme la mañana siguiente, todo parecía normal y familiar. Sin embargo, poco después del desayuno, comencé a ver lo que sólo puedo describir como visiones. Imágenes ultramundanas relampagueaban a la velocidad de la luz en mi conciencia. Se podría argumentar que estas visiones eran sólo el producto de una imaginación activa e intensa, pero evidentemente no lo eran. La experiencia sólo se puede calificar como una clase de intuición suprasensorial que resultó del contacto entre mi ser finito y el Ser Infinito en el cual todos estamos inmersos.

Las visiones tenían carácter de avances en lugar de retrocesos. Esta comunicación, que tenía su origen en alguna parte divina de mí, insistía en que prestara atención a sus implorantes mensajes provenientes de las oscuras profundidades interiores. Las imágenes se colocaron metódicamente ante mi conciencia como una exhibición de postales de otros países. El cartero era, sin lugar a dudas, la Mente Universal. Algunas de estas entregas especiales hubiera querido devolverlas al remitente. Vislumbres de desagradables acontecimientos futuros, incluyendo la hora y las circunstancias de mi propia muerte, volaban fugazmente a través de la mente como si fueran avances momentáneos del estreno de una película.

¿Alguna vez ha pedido esa ilustración
con la cual escuchamos lo que no puede escucharse,
con la cual percibimos lo que no puede percibirse,
con la cual sabemos lo que no puede saberse?
—Henry David Thoreau

A todos nos llegan oportunidades para crecer y aprender, pero con frecuencia también tropezamos y fracasamos en nuestro intento por sacar provecho total de ellas. A menudo, probablemente a diario, las oportunidades diseñadas específicamente por fuerzas insondables llegan para asistirnos en nuestro crecimiento espiritual. ¿Por qué será que tendemos a tomar la senda que opone menos resistencia, la senda de nuestros deseos más elementales, la que, aunque es la más conocida, producirá el menor cambio radical en nuestras vidas y también el menor desarrollo? Siempre tenemos una opción cuando nos enfrentamos a este dilema.

La alternativa es seguir, bien sea al impulso de nuestra alma que nos llevará a nuestro más alto bienestar o a la seducción de las emociones, que nos llevará a satisfacer nuestros deseos.

En este momento crucial de mi vida, enfrentaba esta prueba definitiva en mi interior. Seguía resistiendo el llamado del alma debido a mi ignorancia y al temor a lo desconocido y a lo extraño. Un pensamiento limitado acicalado por años de práctica en el método científico oscurecía mi entendimiento de lo que me había sido comunicado tan solemnemente. Pasó casi un año antes de que yo fuera capaz de ahondar en las profundas enseñanzas que me fueron impartidas.

Al día siguiente, fui a trabajar como de costumbre, pero de ninguna manera resultó ser un día de trabajo típico. Me encontraba enfrascada en una lucha interior en un intento inútil de mantener el *statu quo* contra los deseos y la prisa de mi espíritu por entrar en una vida desconocida. No tenía idea de que éste era el comienzo de un despertar que me llevaría a un plano de existencia nuevo y más activo, a una relación diferente y más personal con mi Fuente y finalmente, a una capacidad enormemente incrementada para asistirles correctamente a otros en su camino hacia la autocuración y la integridad.

Toda criatura va camino hacia la más alta perfección.
En cada una, hay un desplazamiento de la
mortalidad hacia el Ser.
—Meister Eckhart

Ese día en el consultorio fue asombroso. Los pacientes a los cuales atendí, a quienes creía conocer muy bien, de alguna forma se veían diferentes. Pero ellos no habían cambiado; fue mi percepción de ellos la que cambió radicalmente. Presté mucha atención a sus palabras, pero oía a través y más allá de las palabras. De algún modo, sabía obviar sus pensamientos vocalizados hasta que hacía contacto con el lugar en su interior que lo sabía todo y tenía todas las respuestas. Las respuestas habían sido olvidadas. Intenté ayudarlos a recodarlas.

Mientras observaba sus rostros como lo había hecho tantas veces, veía una difusa luz blanca dispersa alrededor de sus cabezas y hombros. Pestañeaba para enfocar de nuevo, pero esto sólo hacía que el resplandor pareciera más grande. "¿Podría ser esto lo que los proponentes de la Nueva Era llaman auras?", me pregunté. Incluso mientras reflexionaba sobre esa pregunta, simultáneamente sabía de alguna forma que eso mismo eran.

Mucho después, mientras leía varios libros escritos sobre la metafísica en el Siglo XIX, aprendí que las emanaciones de luz alrededor de la cabeza y los hombros no son, por supuesto, nada nuevo. Los museos están llenos de obras maestras que ilustran personas virtuosas con nubes resplandecientes y luminosas alrededor de las cabezas.

Comencé a entender que esta luz es el resultado de una efusión de energía emitida por el cuerpo etérico o alma. Somos seres electromagnéticos que continuamente irradiamos campos de energía cargados con información sobre quiénes somos. Por eso, ciertas personas nos afectan, ya sea positiva o negativamente.

Ante mis ojos, uno por uno, estos pacientes se transformaron. Dejaron de ser pacientes; eran una vitalidad latente, almas radiantes viviendo en un denso cuerpo físico que era, en parte, la fuente de sus problemas. Ahora veía con un entendimiento claro los problemas que los atormentaban terriblemente y en ocasiones incapacitaban sus vidas. Ese día aprendí una invaluable y muy apreciada lección de sabiduría que desde entonces me ha traído mucha paz mental. La verdad fundamental y evidente es que la adversidad es, de hecho, la prosperidad disfrazada, ya que siempre tiene un propósito divino. El dolor puede ser nuestro mejor maestro. Con este nuevo discernimiento, ahora veía un arco iris en sus lágrimas.

Las lágrimas son con frecuencia el telescopio
por medio del cual el hombre escudriña
en lo profundo del cielo.
—Beecher

Las limitaciones de la psicoterapia tradicional ahora me parecían gráfica y notoriamente claras. ¿Cómo podría ayudarle a alguien a sanar de verdad si el espíritu —la sustancia vital de la cual está constituido el universo y la esencia de la humanidad— se ignora por completo? No es de extrañarse que la depresión haya alcanzado proporciones epidémicas y que la gente esté plagada de profundos vacíos internos. No nos vemos como somos en realidad, y la ceguera es debilitante.

Las visiones no siguieron durante el resto del día, pues se habían transformado en una intuición carente de forma que me guiaba y dirigía en asuntos concernientes al presente y el futuro. Por extraño que parezca, mi percepción cronológica del tiempo se había alterado. El pasado, el presente y el futuro se encontraban yuxtapuestos y ocurrían simultáneamente, al parecer todos en un mismo lugar. Esto sería como sentarse en el Carnegie Hall a escuchar los débiles compases de todas las sinfonías que alguna vez llenaron la cámara, la música que suena en la actualidad y todas las dulces armonías que sonarán en el futuro. ¡Estaba extasiada!

Todo lo que me estaba pasando era tan extraño que me cuestionaba una y otra vez sobre su realidad sin desechar la posibilidad de que estaba loca de remate. Sin embargo, mi mente científicamente entrenada estaba terriblemente intrigada con todo esto, así que comencé a relatar mis experiencias, a medida que iban ocurriendo, en una mini grabadora que llevaba conmigo. No obstante, en un momento dado mi escepticismo empezó a menguar. Con mis ojos físicos y una mente que se estaba abriendo había visto algo que conquistó la mayor parte de las dudas y la incertidumbre.

Más tarde ese día, estando en el refugio del hogar, decidí salir a dar un paseo. Un maravilloso y ventoso día de la Florida me saludó. El clima era perfecto; bajo el cielo azul y despejado soplaba un aire frío y tonificante. Paseando por el vecindario, me dio por mirar hacia arriba. De repente, me quedé delirantemente extasiada con lo que veía. La atmósfera que me rodeaba ya no era solamente un lugar invisible y vacío. El aire estaba impregnado de diminutas partículas luminiscentes que revoloteaban en forma circular en una entusiasta danza que las involucraba a todas. Girando rápidamente, embebían y saturaban todo, confiriéndoles a las plantas circundantes una pulsante vitalidad. Me sentí fortalecida y casi intoxicada por la alegría. Estas partículas eran tan brillantes que me extrañaba no haberlas visto nunca antes.

De alguna forma, sabía que cada partícula poseía su propia inteligencia y que, combinadas, compartían una conciencia colectiva y complementaria. Cada una era como un sol en miniatura orbitando su propia esfera mientras simultáneamente formaban parte de un todo. Era un mosaico resplandeciente de energía e inteligencia y una obvia metáfora para la luz de la humanidad. Mientras seguía contemplando esta coadyuvante sinfonía de luz y movimiento, me di cuenta de que el espacio en sí era una entidad viviente. El espacio entre las partículas, también vitalizado, poseía una sustancia benevolente e incomprensible.

De repente me entró una preocupación por los efectos de la contaminación del aire en este asombroso espectáculo de luz y movimiento. Me preguntaba qué impacto podría tener en nuestra salud y bienestar. No queriendo obsesionarme con estas preocupaciones, rápidamente le presté atención de nuevo a la "danza aérea".

El esplendor de esa luz viviente se convirtió en mi brújula, guiándome en esta aventura de reconciliación con la Realidad. A medida que me acostumbraba más a la gracia del momento, junto con esta luz exterior se esparcía una fuente de luz interior que impactó mi alma con tal fuerza que de nuevo brotaron las lágrimas. Pero esta vez eran lágrimas de felicidad y júbilo porque durante esa fracción de segundo me había fusionado con la unidad de todas las cosas. Ya no existían los límites físicos, y ahora yo era capaz de causarle más daño a una hoja de hierba que a mí misma. Todo lo que podía ver, incluido mi cuerpo físico, era impregnado y alimentado por estas brillantes partículas de luz. Llegué a entender que la naturaleza está siempre en perfecta armonía. Somos nosotros los que perdimos la sincronización con ella.

Años más tarde, después de mucho estudio y reflexión, me di cuenta de que estas deslumbrantes partículas doradas son las que se conocen como *prana* en la India o *chi* en la China. Muy poco reconocida en el Occidente, es una fuerza vital emanada por el sol y uno de los principales elementos vivificantes. Mucho después, durante otra caminata, me sorprendí al ver que cientos de mosquitos volaban exactamente en el mismo patrón realizado por las partículas. Sabía que esta energía era tan poderosa que inducía y forzaba a los mosquitos a formarse en un patrón idéntico. Debido a su brillo y movimiento permanentes, estas partículas pueden verse en cantidades infinitas pasando fugazmente por la atmósfera, especialmente en un día soleado. El efecto semeja ligeramente el sol reflejado en el agua.

Varias horas después, cuando se me aquietó este estado mental (parecía llegar en periodos rítmicos), el aspecto analítico tan bien entrenado de mi ser había disminuido y mi espíritu se encontraba tan fortalecido que me dije a mí misma, "Si esto es la locura, ¡vaya que es increíblemente maravillosa!" La psicología sostiene que la locura está asociada con un sentido de falsedad en cuanto a la existencia de uno mismo. Yo, en cambio, nunca me había sentido más viva y real.

Veamos, la mente humana es una especie de... piñata.
Cuando se rompe, hay muchas sorpresas en su interior.
Si analizamos desde la perspectiva de la piñata, vemos que
perder la razón puede ser una experiencia máxima.
–Jane Wagner

El lenguaje mudo
de la mente universal

Todas las obras de Dios son señales y expresiones de sus atributos; según esto, parece que todo en la naturaleza física es una imagen y expresión del mundo espiritual. Todas las criaturas están en capacidad de percibir la verdad y naturaleza de las cosas sólo con imágenes.

—*Johann Georg Hamann*

L a mañana siguiente, muy abstraída y absorta, pacientemente arreglaba mi jardín. Mientras mis manos removían la tierra, junté varias teorías sobre los fascinantes sucesos del día anterior en un intento por encontrar alguna semejanza de orden y entendimiento. Ideas hipotéticas y contradictorias subsistían sutilmente como reflexiones de ese increíble ocaso, saliendo y entrando en mis pensamientos.

Mientras podaba meticulosamente los rosales, llegué a sentir que estaba en la cúspide de mi adaptación a este nuevo conocimiento y que estaba sintonizando mi vida normal con estas florecientes percepciones. No sólo se habían fortalecido grandemente mis cinco sentidos, sino que había descubierto también nuevos sentidos que no conocía con anterioridad. El tacto, el olfato, el oído y la vista todos se habían elevado y enriquecido de alguna forma inexplicable.

Justo cuando me empezaba a sentir cómoda con esta recién hallada percepción, una curiosa e incesante barrera de imágenes mentales y visuales se yuxtapuso a mi ambiente existente. Es decir, las cosas comunes y triviales a mi alrededor tomaron un significado divino y más profundo. Como lo había experimentado con mis pacientes días antes, parecía que yo era capaz de ver más allá de la forma física y dentro de la naturaleza y la esencia de los objetos. Otra capa de realidad yacía detrás de todo, como cuando uno se va retirando capa tras capa la translúcida piel de una cebolla envuelta alrededor de un centro indistinguible.

Un simple cardo poseía cualidades divinas; un insecto, un toque de lo sublime. Y cada uno tenía un lugar y un propósito muy claros en el Cosmos. El medio ambiente comenzó a comunicarse conmigo en un lenguaje simbólico, enseñándome y guiándome a través de los objetos más mundanos. Lo familiar y conocido parecía atraerme como un imán hacia lo ambiguo desconocido. Extrañamente, entendí la interacción y armonía entre las plantas mientras éstas intercambiaban y expresaban una mutua camaradería. No tenía nada que ver con una conversación, sino con un intercambio y una reciprocidad que eran una forma de pensamiento. Toda la vegetación era completamente consciente— a un nivel mucho más bajo que la conciencia humana o animal— pero al fin y al cabo consciente.

Poseía una profunda intuición que abarcaba dos dimensiones. Un aspecto de mi mente parecía sentirse obligado a percibir casi todo lo que hubiera en mi medio ambiente como metafórico y simbólico. Esta fuerza apremiante me imploraba que aprendiera conceptos profundos y verdaderos. Las cosas más inconsecuentes quedaron desenmascaradas y se volvieron representaciones de lecciones significativas sobre la vida y las leyes de la naturaleza. Una goteante corriente enfatizaría el flujo continuo de vida y la importancia de ser libre y cambiante. Todo lo que veían mis ojos estimulaba un bombardeo de información, y las lecciones y los misterios de la vida se revelaban poco a poco.

La dicotomía y el asalto impetuoso de las impresiones sobrepuestas eran tan extraños que de nuevo comencé a preocuparme por mi cordura. Sin embargo, para sorpresa mía, esta singular percepción binaria no me hizo sentir fragmentada. Por el contrario, había generado un sentido de integridad interior y exterior.

Periódicamente, experimentaría de nuevo una pérdida completa de la sensación de separación de toda la naturaleza. A pesar de esta fusión, los límites del "Yo" se conservaban claramente. Sólo parecía haber menos de mí y más de "nosotros" mientras me identificaba y seguía en armonía con mis alrededores. Dios estaba en todas partes —en el rico suelo, en las hojas de los árboles, y en el diáfano vuelo de las aves en el cielo. Percibía que nada era completo sin todo lo demás. Todas las células de mi cuerpo rebosaban de compasión por todas las criaturas vivientes. Hasta mi sencillo jardín, en medio de la ciudad, se estaba transformando en un jardín del Edén.

Mientras terminaba con los rosales, dirigí la atención hacia una vieja y gastada silla de madera que se encontraba en el jardín. Hacía años que la tenía y durante algún tiempo había permanecido en un lamentable estado de deterioro. A medida de que me embelesaba más con esta silla, noté que superficialmente lucía igual que siempre, pero otra imagen se superpuso a ésta —una imagen de su vida anterior. En mi imaginación, veía un árbol majestuoso, un monumento viviente que se extendía hasta el cielo, pletórico del néctar de la tierra. Este gigante invencible se bronceaba orgullosamente bajo el sol. Convergiendo con esa imagen, escuché el gemido de su agonía al ser derribado y mutilado. Aquí en mi patio yacen los restos momificados de lo que antes era una venerable torre natural. Me sentía agradecida por su sacrificio. Desde ese día, nunca he podido contemplar de la misma manera a los muebles ni los árboles.

Mientras seguía percibiendo y comprendiendo que todo estaba compuesto por la misma sustancia cósmica, me volvía cada vez más sensible al medio ambiente. Me di cuenta de que todo era muy consciente y vivo. Los átomos y moléculas se acumulaban coherentemente para formar los objetos sólidos, pero lo que unificaba los objetos era una inteligencia y energía infinita e inagotable. Ésta no es una idea novedosa, sino una que les ha sido evidente a muchos físicos teóricos. Pero una cosa es leer sobre la física cuántica y otra cosa es poder "ver" al nivel atómico. No podía comprender cómo esto era posible.

Me percaté de que ya poseía una incrementada capacidad para leer un significado específico en cada símbolo u objeto que me llamaba la atención. A un nivel intuitivo, el mismo símbolo que yo había visto podría comunicarle e implicarle algo muy diferente a otra persona porque, al parecer, cada personalidad influye en la interpretación de los mensajes que emanan de la Mente Universal.

El ambiente me enseñaba y guiaba a todo momento. Todo —todos los objetos y sucesos— eran un ideal divino disfrazado, una impresión sutil registrándose en mi mente. Mediante algún cambio involuntario en la conciencia, ahora percibía una realidad alternativa que siempre había existido, pero que recién estaba descubriendo gracias a una luz interior que se había encendido milagrosamente.

Más tarde ese día, cuando fui a la ciudad a realizar unas diligencias, pasé por donde un hombre talaba un enorme y envejecido roble con una sierra de cadena. Aún en estado de comunión con la Mente Universal, podía SENTIR el dolor de ese cuerpo como si fuera el mío. Me encontraba en un estado tan expandido de la mente y en una condición tan sensible que esta experiencia me afectó dramáticamente, como si hubiera presenciado un asesinato. La innecesaria e insensata mutilación de una forma de vida magnífica me enervaba, y las ondas de dolor hacían erupción en una epifanía emocional. Inmediatamente comencé a lamentar la destrucción del medio ambiente. Me parecía brutalmente criminal lastimar a cualquier criatura viviente. Nos sería insoportable destruir la naturaleza, y mucho menos a otro ser humano, si sólo pudiéramos ver cuán viva y consciente es, cuánto representa para nosotros, y cuánto representamos para ella.

¿Por qué me estaba sucediendo todo esto? Las experiencias me eran intimidantes pero irresistibles. Además, las consecuencias de estas nuevas percepciones eran catastróficas. Me sentía cansada y emocionalmente empujada hacia el límite, pero no tenía otra alternativa que seguir adelante.

Había sido la portadora de una llave ubicua que me permitía cruzar el umbral de una puerta cósmica que conducía a un mundo iluminado con sabiduría, conocimiento y luz. Es como si hubiera entrado en contacto con un energizante psíquico que estimula la mente para que reconozca la verdadera realidad, el propósito de la vida y el significado profundo que yace escondido justo debajo de la superficie del mundo físico.

Para los ojos del vidente, cada hoja de un árbol es una página de un libro sagrado que contiene revelaciones divinas, y él se inspira cada momento de la vida mediante una lectura y un entendimiento constantes del libreto sagrado de la naturaleza.
—Hazrat Inayat Khan

Cuando niña, solía leer una revista que traía un juego con dibujos de animales y objetos camuflados. El objetivo del juego era escudriñar en la ilustración y encontrarlos. Competiría contra mí misma en cada nueva edición para ver con qué rapidez podía descubrir los objetos escondidos en los dibujos. Las experiencias que comparto aquí son esencialmente iguales. Sentía la misma emoción y asombro que me causaba el descubrimiento cuando era niña.

Hubo momentos durante ese día en que mi vida se convertía en ese juego. Cuando miraba a mi alrededor, parecía estar viendo mi ambiente habitual, pero mientras lo hacía, ciertas señales y marcas direccionales aparecían y me imploraban que las contemplara. Era como si un filtro mágico cubriera mis ojos para que no viera lo mundano e intensificara lo extraordinario.

El fenómeno de las ilusiones tridimensionales generadas por computadora ilustra mis nuevas revelaciones y requiere del mismo cambio en la percepción. La computadora se programa para crear un colorido diseño de líneas y formas. Con mucha concentración y un ligero ajuste de la percepción, lo que uno ve primero como un patrón colorido pronto luego expone su naturaleza dual como un dibujo entre un dibujo.

A medida que pasaba el día, los objetos en mi ambiente —las vallas o los avisos en la carretera, por ejemplo—, revelarían mensajes crípticos o misteriosos significados implícitos. Al principio, estos mensajes dobles provenientes de objetos en el mundo físico eran confusos, pero pronto comenzaron a comunicar ideas llenas de una naturaleza profunda y eminente.

Parecía que la Mente Universal había oprimido el control remoto para cambiar el canal en mi cerebro. Una claridad y agilidad de la mente, previamente desconocidas, le daban una nueva dirección y sinceridad a mis pensamientos. Estaba recibiendo una señal de satélite nítida proveniente de alguna zona desconocida. Un diluvio de conceptos abstractos anteriormente inconcebibles surgió a través de mi psiquis. El desbordamiento de asombrosa información era casi tan opresivo como la cantidad de información primordial que llamaba mi atención. Con el tiempo, fui capaz de rendirme suficientemente para permitirle a mi mente explorar este reino.

El renombrado psicólogo suizo Carl Jung dedicó la mayor parte de su carrera al estudio de los símbolos. Su contribución dio un colorido muy positivo al campo de la psicología con una orientación metafísica (entiéndase "más allá de lo físico") en cuanto a lo que tiene que ver con la naturaleza humana. Él creía que una palabra o una imagen era simbólica cuando implicaba algo más allá de su significado obvio e inmediato y que ésta podía tener una connotación mucho más inconsciente que la hacía única y personal. Jung propuso la teoría de la sincronicidad —la creencia de que significantes y misteriosas coincidencias ocurren y que éstas son una manifestación de una orden o ley universal. En otras palabras, no existen las coincidencias. Todos los sucesos están orquestados y coordinados por una inteligencia inconcebible. Las razones que existen detrás de este plan divino son insondables.

Ya que siempre hemos utilizado términos simbólicos para representar conceptos que no podemos definir o comprender totalmente, ¿podría ser este lenguaje simbólico un aspecto del lenguaje de Dios? ¿Es esta una posible forma con la cual la Mente Universal directa y personalmente se comunica con nosotros? Para mí nunca ha tenido sentido que si dicha inteligencia tan amplia, creativa y completamente benevolente existiera, sería tan deficiente como para no crear una forma de diálogo con la humanidad. ¿Es racional pensar que podemos hablar y comunicarnos con un Dios que nos escucha pero que no responde o no puede comunicarse con nosotros directamente?

La Biblia misma está escrita en un lenguaje simbólico y metafórico. Por ejemplo, el sueño que tiene Jacob acerca de una escalera que alcanza al cielo es completamente alegórico. La escalera simboliza la ascensión de la humanidad, mientras que cada peldaño representa una fase evolutiva hacia una realización total de la conciencia. Y la túnica de varios colores que llevaba José, descrita en el libro del Génesis, puede ser una representación de la vestidura etérica que todos llevamos, los variados matices de cada una muestran un aura fantásticamente radiante. Quizás los autores de la Biblia entendían el lenguaje de la Mente Universal y escribieron las escrituras exactamente como las percibían, simbólicamente. Incluso cada número en la Biblia tiene una connotación mística. Por ejemplo, el número siete representa la culminación de una fase de desarrollo.

Creo que quizás simplemente no es posible sostener un contacto directo con dicha energía omnipotente mientras habitamos los cuerpos físicos. El efecto podría ser perjudicial para el cuerpo y la mente. Quizás esta inteligencia diluye un poco las cosas para que podamos asimilarlas con más facilidad. Sostener un diálogo y un encuentro con nuestra Fuente debe ser lo normal y natural, y es sólo cuestión de tiempo antes de que podamos entender más ampliamente este concepto.

No me fue fácil aceptar estas ideas. Luché durante muchos años con varias especulaciones, y con el tiempo me convencí de su validez mediante un entendimiento de la naturaleza de los sueños. Cuando soñamos, la mente inconsciente se comunica con nosotros y selecciona símbolos con el propósito de enseñar y guiar. Estos símbolos tienen significados específicos que pertenecen sólo al soñador. Al interpretar estas formas abstractas, podemos descubrir partes profundas de nosotros y de las demás dimensiones divinas que visitamos mientras dormimos. De la misma manera podemos recibir una guía simbólica en nuestras horas de vela.

Un símbolo místico es una representación expresable
de algo que yace más allá de la esfera de
expresión y comunicación, algo que
proviene de una esfera cuya cara está, al parecer,
hacia el interior y lejos de nosotros.
Una realidad oculta e
inexpresable encuentra su expresión en el símbolo.
El símbolo no significa nada y no comunica nada,
pero hace transparente algo que está más allá
de toda expresión.
Cuando una visión más profunda dentro de la estructura
de la alegoría descubre nuevas capas
de significado, el símbolo
es intuitivamente entendido de una vez o no es
entendido del todo.
—Gershom G. Scholem

La habilidad, recién descubierta por mí, de comunicarse con lo divino no es un privilegio reservado para mí sola. De una u otra forma, todo el mundo experimenta la comunicación divina y la sincronía.

Un caso que viene a colación es el de John F. Kennedy, quien poco después de su matrimonio, contó una anécdota durante un almuerzo en el estado de Oregon en los Estados Unidos de América. Había estado mirando a través de una ventana, preguntándose si debía tomar una decisión importante para su vida cuando le llamó la atención un anuncio que decía: "¡Sólo hazlo!". Según Kennedy, fue este famoso lema de la marca *Nike* lo que le convenció a dar el paso y casarse. Usted podría pensar que esta experiencia fue simplemente una casualidad, pero si penetra en el significado excepcional y personal de un símbolo, verá que él puede proveer los medios para que la intuición latente e inconsciente aflore a la superficie. Todo el mundo ha experimentado algo parecido, y es una guía divina auténtica.

Es fácil descartar la creencia en la comunicación con lo divino como locura o superstición. Una vez más mi entrenamiento psicológico definió mi entendimiento de la experiencia. Antes de que todo esto ocurriera, mi única perspectiva en cuanto a los sucesos sincrónicos y metafísicos era en término de las "ideas de referencia", un concepto utilizado por los psiquiatras para describir un estado psicopático. En el *Manual diagnóstico y estadístico de los trastornos mentales* se define como "la sensación de que los incidentes casuales son sucesos externos que tienen un significado peculiar e inusitado que es específico para cada persona". Me pareció interesante que también podían ser interpretadas como experiencias místicas las sensaciones e ideas consideradas patológicas en este manual psicológico utilizado internacionalmente.

Los egipcios emplearon un lenguaje escrito de imágenes y representaciones, el cual se acerca más al lenguaje del universo que el nuestro. Por razones que me desconcertaban, estaba leyendo símbolos parecidos a los jeroglíficos sin haber tenido experiencia o conocimiento previos. Lamentablemente, mi formación académica había taponado tanto mi habilidad de poseer una mente abierta y receptiva que casi me impidió dejar fluir la espontaneidad y potencialidad del tremendo aprendizaje de esta imaginería.

La capacidad de descifrar el significado de un símbolo en el ambiente depende grandemente del grado de profundidad que se desee tener en la vida diaria y de la anuencia a penetrar en la complejidad de percibir dos realidades al mismo tiempo. ¿Qué tan anuentes estamos a dejar de lado las ideas fijas acerca del mundo y abrirnos a recibir estos símbolos que lo espiritual toma prestado de este mundo material? Son visibles; son signos externos de una realidad espiritual interior.

En la antigüedad, normalmente se consultaba a los augurios para guiarse en la toma de decisiones. Se creía que los augurios se presentaban en forma de pájaros, animales o sucesos, los cuales eran entonces recibidos y bienvenidos como un mensaje personal de lo Divino. Estos emisarios no eran simplemente el resultado de supersticiones primitivas. Son transmisiones muy específicas y organizadas, impartidas desde los reinos espirituales con la intención de ayudarnos. En cada segundo del día, estamos siendo guiados por una inteligencia misteriosa y omnipotente. Es sólo nuestra arrogancia humana la que nos impide conocer directamente a nuestra Fuente.

En la cultura de los indígenas norteamericanos existe la firme creencia de que los seres humanos y la naturaleza se comunican y dialogan mutuamente con libertad. Los indígenas tienen experiencias que permiten la recepción de mensajes de su medio ambiente natural, debido a que ellos no solamente están inclinados a valerse de la comunión y la intercesión divinas, sino que también consideran al intercambio armonioso como un don de Gracia.

Un ejemplo reciente de comunicación con lo Divino a través de sucesos simbólicos se presentó en el éxito cinematográfico "Sleepless in Seattle". La trama de la película gira en torno a que el protagonista recibe señales que con el tiempo le conducen hacia su alma gemela. Creo que el éxito de la película se debió grandemente a esta premisa encantada. La gente quiere y necesita creer que existe algo mágico en la vida. ¡Y la magia sí existe!

El cambio de mentalidad que la humanidad necesita hacer desesperadamente ahora que estamos en el Siglo XXI involucra a la perspectiva renovada de que el universo no es aleatorio y sin significado. De hecho, todo lo que existe y ocurre es significativo, tiene un propósito y está destinado a ayudarnos en nuestro desarrollo espiritual. Yo enfatizo la importancia de los símbolos porque su reconocimiento e interpretación puede generar un incremento en el contacto con el alma, elevando así nuestro sentido de orientación interior. La lectura de los símbolos puede proveer los medios a través de los cuales la intuición latente entra en actividad. Cuando usted ejercite la conciencia total, podrá percibir la guía y los mensajes excepcionales que yacen debajo del color y la forma en que está compuesto cada signo.

Como otro ejemplo, le ofrezco una anécdota de los días de mi internado doctoral. Durante varios años, estudié bajo la tutela del Dr. Bernie Siegel, autor de *Love, Medicine and Miracles [El Amor, la medicina y los milagros]*. En aquel entonces, Bernie trabajaba como cirujano en el Hospital Yale New Haven. Afortunadamente tuve la oportunidad de capacitarme en la medicina mente-cuerpo con un profesor tan sabio y visionario.

Un día frío de otoño, cuando estábamos culminando las rondas en el hospital, revisando a sus pacientes con cáncer, Bernie encontró una brillante moneda de un centavo en el suelo, curiosamente, con la cara hacia arriba. Era una señal que le había llegado en el momento de mayor sincronía. En la cara de la moneda, están grabadas las palabras "En Dios Confiamos". "A veces es sólo un recordatorio", me dijo. En ese momento, lo miré muy escéptica, haciendo un gran esfuerzo para no ser demasiado crítica sobre su creencia en augurios y en lo que yo consideraba una superstición absurda.

Ahora, después de haber experimentado un estado más expansivo de la mente, comprendo que la comunicación con lo Divino puede manifestarse de la forma más sencilla o de la más compleja. Para mí hoy en día, encontrar una moneda puede ser bien un recordatorio para afianzar mi fe o quizá el anuncio de algún cambio positivo. Este signo particular a lo mejor no funciona para todo el mundo, pero para mí sí ha funcionado.

Debido a que como individuos somos únicos, interpretamos los símbolos a través de los filtros de nuestros acondicionadores y nuestra personalidad. No siempre podremos traducir con total exactitud los avisos, pero a pesar de este impedimento, ellos pueden ser una invaluable forma de guía en nuestra vida cotidiana.

Las señales, los símbolos y el sincronismo no son fantasías inconsistentes o productos de la imaginación. Son evidencia de los intentos de comunicarse con nosotros desde otra dimensión, la cual es velada, misteriosa y difícil de comprender. En ese reino espiritual yacen fuerzas que sólo quieren ayudarnos en nuestro camino.

Después de un tiempo, logré identificar cuatro métodos usados por la Mente Universal para la comunicación simbólica. Las señales divinas intencionales empleadas para instruirnos y guiarnos parecen llegar a través de:

- Objetos físicos, tales como los árboles, la gente, los animales, los señales de tránsito o las piedras;

- Sucesos sincronizados o las "coincidencias", tales como un neumático desinflado, lo cual podría haber evitado un accidente automovilístico;

- La simbología numérica, dado que todos los números tienen un significado esotérico; y

- Símbolos geométricos y las representaciones cósmicas y universales de ideales divinos tales como la cruz y el círculo.

Los símbolos nos son revelados a todos y cada uno de nosotros constantemente y en todo lugar con la intención de enseñarnos las grandes verdades universales en forma sencilla.

Por razones que aún no entiendo a cabalidad, había sido transportada a un mundo mágico. Este mundo era animado y pleno de vida por doquiera que mirara, manifestando su divinidad a través de milagros camuflados. Me volví más decidida que nunca en mi intento de comprender estas nuevas sensaciones, lo cual constituía un reto a todos los conceptos y las creencias que hasta entonces había tenido. Estaba resuelta y firme en mi meta de emprender una búsqueda ferviente y diligente para descubrir las verdaderas capacidades de la mente humana.

Este nebuloso reservorio de signos y señales continuaba rezumándose dentro de mi psiquis, creando una enorme reserva de información y sabios consejos. Cuanto más le prestaba atención a este lenguaje simbólico, mi visión interna evolucionaba más sólidamente. Parecía como si anteriormente hubiera estado ciega y que las maravillas de la vida hubieran estado ocultas bajo capas de acondicionamiento y una mente estrecha. Sin darme cuenta, había estado tropezando ciegamente por la vida, creyendo que estábamos fundamentalmente solos en el mundo, separados, aislados y divididos en miles de millones de partes móviles sin significado. Pero ahora, por primera vez, estaba aprendiendo a "ver" y lo que vi fue un universo coherente, unificado e indivisible, un cosmos ubicuo soldado en una sola pieza por una inteligencia trascendental, inconcebible e infinita.

El Cielo y la Tierra sí se comunican mutuamente. Sólo nos hace falta dedicar el tiempo para aprender el lenguaje de la Mente Universal. La próxima vez que sienta que algo o alguien está tratando de llamar su atención o enviarle un mensaje, quédese quieto, escuche y aprenderá.

El reto profundo y enigmático al que estaba siendo inexorablemente conducida a emprender —reto al que todos estamos llamados— era el de aprender a generar un movimiento positivo y de avance en el proceso de evolución y perfeccionamiento individual para encarnar el Amor. El Amor es el destino del viaje interior y el grial sagrado de todos los esfuerzos espirituales, la medida verdadera de la autorrealización. Es la sustancia que eternamente es generada y transmitida desde aquella otra dimensión. El Amor es la expresión máxima y el resultado de un contacto auténtico con el fragmento de Dios que habita en todos nosotros. Es lo más cerca que podemos estar de nuestra Fuente y el único manantial verdadero de la Dicha.

Había tirado el guante. Yo era la esforzada protagonista en este drama divino, y ansiaba ver cómo se desarrollaría.

El salto cuántico

En este mundo cambiante, nada de lo que llega
permanece y nada de lo que se va está perdido.
—Swetchine

Era el cuarto día, y esta "condición" persistente no cedía para nada. La vida a la cual estaba acostumbrada se estaba desvaneciendo en el pasado. Ahora mi entorno estaba dotado de una calidad vaporosa y mística. El mundo físico exterior estaba iluminado con una luz espiritual y estaba pleno de significado y potencialidad.

Mentalmente, una serie de transmisiones ambiguas pero perceptibles llegaban a intervalos regulares cual pequeños memorandos desde alguna zona nublada y anómala. Parte de mí anhelaba volver siquiera a vislumbrar algo que fuera común y rutinario. Ahora me doy cuenta de cuán errado era ese pensamiento. Me estaba habituando un poco a la sensación peculiar de ocupar un cuerpo físico en el mundo terrenal, pero con la mente abarcando dos dimensiones simultáneamente y una personalidad que estaba tratando de frenarlo todo. Es imposible describir todo lo que ese dilema comprendía.

Hoy en día, se usa tanto el término "disfuncional" que ya casi se ha vuelto trillado. Significa que repetimos la misma conducta una y otra vez para resolver un problema, a pesar de que evidentemente no se está solucionando. La mayoría de las personas se aferran en vano a las ideas y los patrones de comportamiento conocidos a pesar de que no contribuyen al crecimiento personal y a la optimización de la vida. Esto yo lo sabía muy bien; sin embargo, yo también periódicamente me aferraba fuertemente a las costumbres anacrónicas y obsoletas.

Yo era una exploradora reacia, impulsada y sumergida en un mar inexplorado sin un mapa que me orientara. Un cambio monumental estaba ocurriendo en mis profundidades mientras mi percepción del mundo y de mí misma continuaba expandiéndose más allá de los límites de la realidad física tridimensional. Reinaba una nueva realidad, una que era misteriosa, magnífica, magnética y magnánima. Mi necesidad de conocer la verdad era inapagable.

Aquellos primeros días auspiciosos se asemejaron a una experiencia de muerte cercana. Había leído que la mayoría de la gente regresaba transformada de esa experiencia. Una vez que habían vuelto a la vida, dicen no temerle a la muerte y muestran una fe renovada en Dios y un carácter más compasivo y amoroso. Yo estaba experimentando una muerte simbólica, la muerte de mis pensamientos anticuados y de mi aislamiento del Universo. Luego del deceso de esta antigua personalidad, se plantó una semilla de espiritualidad, la cual comenzó a germinar y a crecer para convertirse en un tallo que se esforzaba por elevarse y salir de aquel duro suelo.

Percibía un brote diminuto y delicado floreciendo en la corona, extendiéndose estratégicamente para nutrirse del aire y de la luz. Los vientos que me golpeaban eran ráfagas de miedo que al mismo tiempo empaparon y agitaron mi espíritu.

Estas primeras experiencias intensas sirvieron en realidad para "despertarme". Las secuelas dieron lugar a la resurrección y la restauración de me verdadero Ser, el cual había yacido "dormido" durante años. Las preocupaciones mundanas que anteriormente hubieran tenido tanta importancia se derritieron como un glaciar calentado por el calor del sol. La compasión empezó a curar las heridas causadas por años de intolerancia.

A este proceso de renovación yo lo denomino "transmutación", que se define como un cambio de naturaleza, esencia, forma o condición. En términos biológicos, significa la transformación de una especie en otra. En cuanto a la metafísica, es la elevación de la energía a un nivel superior en un proceso de purificación que limpia todo lo viejo y estimula lo nuevo. Como resultado, las energías inferiores son elevadas y absorbidas por las superiores. Al nivel pragmático y humano, es el proceso de sacar a la superficie las limitaciones humanas para transmutarlas en comprensión de la Universalidad.

Yo me estaba transmutando en una hija de Dios, dejando atrás la personalidad acondicionada de una persona influida excesivamente por el medio ambiente circundante. Desde luego que siempre había sido una hija de Dios. Todos lo somos. Pero nuestra ignorancia de esta realidad dificulta que expresemos dichos dones divinos que son innatos en todos nosotros. Al liberarnos de las capas de acondicionamiento vetusto que envuelven y ocultan nuestro espíritu, permitimos que la esencia dentro de nosotros brille intensamente y haga manifiesta nuestra verdadera naturaleza, permitiendo que las emociones sean transmutadas en comprensión y el conocimiento en sabiduría.

Los efectos de esta transformación tuvieron gran alcance. Me permitió cambiar los momentos comunes en sucesos extraordinarios. Los amigos, la familia y la comunidad se volvieron aún más queridos. Aprendí a retirarme del estresante ritmo de la ciudad para aquietarme y abrirme a la guía interior. Mi temperamento obstinado y voluntarioso se estaba suavizando; mi naturaleza combativa y militante de los años 60 fue desarmada.

Se incrementó mi ya existente amor a la naturaleza. Los animales y las plantas, que siempre me parecían preciosos, ahora eran sagrados. El sencillo acto de observar una flor era una profunda experiencia mística. Al contemplar una flor, dentro de su cuerpo físico observaba a la Inteligencia Universal que la creó. Me regocijaba y sentía reverencia al contemplar las vibrantes tonalidades de colores mezclados y escogidos magníficamente para esa especie en particular. Me llenaba de admiración al pensar cómo la naturaleza había producido un espectáculo de formas y colores tan electrizante.

Al mirar más de cerca, podía examinar cada pétalo satinado y aterciopelado, que era elocuentemente equilibrado, aparentemente tan complacido con su propia belleza. Observé paciente y anhelantemente, mientras la flor mostraba su cara hacia el sol, con su revestimiento de felpa absorbiendo los rayos cálidos y dadores de vida. Su fragancia exquisita era un regalo sublime para los sentidos, creada sólo para brindar disfrute y placer.

La flor simplemente estaba expresando su esencia. De manera similar, cada uno de nosotros es una flor en un jardín divino. Si tan sólo pudiéramos reconocer nuestra esencia, identificar y expresar plenamente nuestra belleza y exudar nuestra propia fragancia.

Nuestro más profundo temor no es ser inadecuados.
Nuestro más profundo temor es ser poderosos más
allá de toda medida. Es nuestra luz, no nuestra oscuridad,
la que nos asusta. Nos preguntamos: ¿Quién soy yo para
ser brillante, encantador, talentoso y fabuloso?
En realidad, ¿quién eres para no serlo?
Eres un hijo de Dios. Comportarte como un chiquillo
no le sirve al mundo. No existe nada iluminado en rehuir
para que los demás no se sientan inseguros cerca de ti.
Nacimos para manifestar la gloria de Dios que existe
dentro de nosotros. No existe sólo en algunos
de nosotros; existe en todo el mundo.
Y conforme dejemos que nuestra luz propia brille,
inconscientemente les damos permiso a otros
para que hagan lo mismo.
Cuando somos libres de nuestros propios temores,
nuestra presencia automáticamente libera a otros.
—Marianne Williamson

Durante estos cuatro días maravillosos, hubo lapsos durante los cuales experimenté una profunda serenidad y una dicha radiante previamente desconocidas. La rutinaria labor monótona que era mi vida se trasmutó en una celebración diaria exuberante y mágica. La intervención divina me había ayudado a alejarme de la estrecha percepción que había tenido de mí misma para ver a todos los individuos como eslabones minúsculos, mas siempre importantes en la cadena de la humanidad.

Para ilustrar este punto, me gustaría compartir una experiencia que tuvo lugar cuatro años después de mi caminata con la Mente Universal. Es una historia acerca de la transmutación y la metamorfosis que surgen a partir de una gran crisis.

Era un día nublado de agosto y el inicio de la temporada de huracanes en Miami cuando fuimos tocados por "el Grande", el Huracán Andrew. La devastación fue inimaginable, ya que la ciudad no estaba preparada para la magnitud del daño ocasionado a los servicios públicos básicos tales como el agua potable y la luz eléctrica. Las áreas más afectadas se vieron forzadas a pasar varias semanas sin estos servicios. La región que fue más duramente afectada, llegando incluso a ser clasificada como "punto cero" (aquel punto ubicado exactamente encima o debajo de una explosión atómica) fue el pequeño poblado agrícola de Homestead. Algo empobrecido antes de la tormenta, después quedó irreconocible.

Los árboles que aún quedaban en pie en el período subsiguiente a los violentos vientos de 241 kilómetros por hora estaban desprovistos de todas sus hojas. Permanecieron grotescamente desnudos, sin poder ofrecer sombra ni abrigo contra el calor agobiante. Los demás fueron arrancados de raíz y habían sido arrojados cual palillos de fósforos.

Ni un solo techo se salvó, y muchas casas habían sido derribadas hasta sus cimientos por tornados aislados. Sólo quedaban los maltrechos esqueletos grises de las moradas, diseminados sobre aquel paisaje desolado. Los autos, volcados no eran más que metal retorcido regado por las calles. La gente vagaba sin rumbo, conmocionada, herida o llorando. Muchos perdieron todo —la familia, las propiedades, la seguridad, la protección y el refugio.

La ciudad estaba hecha un caos; la crisis era inmensa. Milagrosamente, en medio de gran confusión y desesperación, se levantó el carácter indomable e ilimitado del espíritu humano. Los ciudadanos se lanzaron a las calles a dirigir el tránsito porque no había quedado señal de tráfico alguna ni había lugar reconocible. Los vecinos se ayudaron unos a otros a excavar los hogares y autos de entre los escombros. Se compartieron los escasos recursos, los alimentos y el agua. Los que quedaron sin hogar fueron alojados por extraños. Las mascotas extraviadas fueron cuidadas hasta que aparecieron sus dueños. La buena voluntad y el altruismo, productos colaterales no esperados de la feroz tormenta, hicieron una presencia visible por todas partes.

Al día siguiente del huracán, ofrecí mis servicios en las instalaciones de una escuela que había sido convertida en un hospital improvisado. Con sus limitados suministros, el refugio de emergencia se asemejaba a un campamento de la serie de televisión "MASH", que tuvo como enfoque la época de la guerra. Yacía gente traumatizada y herida sobre camillas en todas partes, mientras que los helicópteros se arremolinaban trayendo agua y medicamentos sumamente necesarios. Incluso algunos miembros de la Guardia Nacional fueron tratados por el estrés y la deshidratación. ¡Era un caos! Las mujeres embarazadas gemían haciendo su labor de parto y daban a luz detrás de una sábana en un rincón. De vez en cuando escuchaba el llanto de un recién nacido que llegaba a este mundo demencial. Con simpatía y compasión, los extraños calmaban a los niños que lloraban asustados por haberse separado de sus padres.

Mientras llegaban las donaciones de todas partes de los Estados Unidos y desde el extranjero, cientos de personas se ofrecieron para ayudar a la Cruz Roja a organizar los alimentos enlatados y distribuir la ropa. Afortunadamente, había tantos médicos y enfermeras voluntarios que a pesar del caos reinante, todo el mundo recibió una excelente atención médica. Muchos de los médicos trabajaron 18 horas al día, durmiendo sobre mantas extendidas en un andén de concreto y bañándose con agua bombeada desde un camión cisterna. Sacrificaron su comodidad para que los heridos ocuparan las pocas camillas disponibles.

Jamás había presenciado un servicio tan altruista y a tan gran escala. ¡Y todo este trabajo brutal realizado bajo una temperatura de 37 grados centígrados, únicamente por el amor a la humanidad! Ninguno recibió recompensa monetaria alguna ni pensó en sí mismo, sólo en la necesidad de ayudar en un momento de crisis. Aún más sorprendente fue el hecho de que la mayoría de los voluntarios, incluyendo a los socorristas locales, también eran damnificados. Sin embargo, demostraron una generosidad y un altruismo más imperturbables de lo que yo me hubiera podido imaginar. Tuvieron lugar en el corazón para darles importancia a las necesidades ajenas por encima a las propias a pesar de que ellos también estaban nadando en un mar de problemas.

Los desastres revelan y manifiestan nuestra humanidad. Tantas personas lo habían perdido todo e igual se sentían impulsadas a ayudar a otros. Me di cuenta de que estaba presenciando nuestra VERDADERA naturaleza en toda su expresión. La adversidad tiene el poder de elevar la compasión a su máximo nivel de virtud. Los violentos vientos del Andrew ocultaron la superficialidad y el materialismo, descubriendo la Luz y el Amor que hay en el corazón de la naturaleza humana.

Las secuelas de la tormenta cambiaron permanentemente a la ciudad de Miami. A través de la calamidad y el infortunio, los habitantes de la ciudad fueron transformados. Se volvieron parte de una ciudad de cooperación y hermandad en un proceso de transmutación al nivel comunitario.

La fuerza de la naturaleza recordó a todos los que soportaron la furia del Huracán Andrew de nuestra humanidad y de la interdependencia comunitaria. Esta calidad humana existe dentro de nosotros a todo momento. Entonces, ¿por qué se revela tan pocas veces? ¿En realidad necesitamos una catástrofe para resucitar nuestros corazones caritativos? El consumismo y el materialismo se han engranado tanto en nuestra cultura que tal vez hemos perdido de vista la certeza de que deberíamos ser guiados por la sensibilidad y la preocupación por el prójimo y no por cuánto podemos acumular y atesorar.

Ya sea una persona o una ciudad la que sufre un trastorno divino, la liberación que puede ocurrir como resultado es sumamente milagrosa. ¿Qué sucedería si los dos millones de habitantes de Miami permanecieran en esta modalidad de servicio y todos los días los pasaran sirviendo a los vecinos, ofreciendo y compartiendo sus recursos? ¿Qué nos impide vivir de ese modo? Sólo nuestras mentes restringidas, nuestros corazones endurecidos y nuestras percepciones limitadas.

No sabía que las pruebas y tribulaciones que ya había soportado durante mi caminata con la Mente Universal sólo constituían un comienzo para mí. Los efectos complejos de mi disconformidad interior ahora se podían ver con claridad, y el verdadero trabajo apenas comenzaba. Las introspecciones experimentadas y los cambios fundamentales que ahora me parecían necesarios eran asombrosos y comprendían todos los aspectos de mi vida. Necesitaba mejorar y profundizar las relaciones. Es más, mi carrera debía ser reorientada, mis metas, reorganizadas y las prioridades, restablecidas. Mi estilo de vida debía ser modificado y remodelado por completo, bien fuera metódica o abruptamente.

Metafóricamente, la tarea que emprendía era como reconstruir una casa vieja y desvencijada con la ayuda de un arquitecto, mi alma. Tendría que inspeccionar cada habitación, limpiarla, reconstruirla y escoger colores y mobiliario nuevos. Un gran porcentaje de esta casa ya se había convertido, renovado y reorganizado. Debido a que era un proyecto considerable, naturalmente había demorado muchos años para hacer sólo las reparaciones más fundamentales. Las restantes serían realizadas en etapas lentas y graduales, durante los siguientes cuarenta años o más.

Dé un vistazo rápido a su vida en este momento, concentrándose primero en las cosas externas tales como la vida profesional o el matrimonio. ¿Qué es lo que no está funcionando? ¿Qué es lo que debe cambiarse o remediarse? Ahora penetre en su mundo interior. ¿Qué es lo que necesita modificación? ¿Quizá necesita mostrar más paciencia, gentileza o amor a sí mismo?

¿Qué le impide comenzar de inmediato un programa de mejoramiento y crecimiento personal diseñado e implementado por usted mismo? La evolución y el progreso de nuestra propia alma deberían ser los objetivos primordiales de la vida. ¿Qué podría ser más importante?

Sospecho que existen numerosas barreras impidiendo que el crecimiento personal sea una prioridad. Por supuesto, todos hacemos racionalizaciones que detienen e impiden nuestro crecimiento. La mayor parte del tiempo, el sistema de creencias negativas aprendidas durante la juventud nos restringe y limita. A menos que tengamos una convicción y una fe muy profundas en que todas las deidades residen en nuestro interior, jamás encontraremos la fortaleza y la motivación para desarrollar nuestro máximo potencial.

En tiempos pasados, cuando la humanidad no se distraía por los caudales ilimitados de las posesiones materiales que se han vuelto tan esenciales para tener "éxito" hoy en día y el dinero no se negociaba por energía vital, el crecimiento personal y los conocimientos espirituales se fijaban como prioridades. En la actualidad, a comienzos del nuevo milenio, los objetivos espirituales se han relegado a un segundo plano o se consideran irrelevantes.

Un sincero deseo de cambiar de enfoque requiere una gran dedicación al cultivo de una rica vida interior, aprovechando las oportunidades de aprendizaje presentadas por todos los sucesos que ocurran en la vida.

Aprenda a transmutar lo insignificante en algo muy significativo, la rutina en comprensión encantada, los errores en oportunidades y la soledad en una profunda búsqueda de Dios. Si alguien le es hostil, practique el perdón antes que la reacción. Si su auto falla, relájese; podría permitirle conocer a alguien. Si su pareja lo abandona, tal vez sea el momento de aprender a tener más independencia. Las posibilidades son infinitas.

¡Haz de mí un instrumento de tu Paz!
Que donde haya odio, yo siembre Amor,
Donde haya ofensa, yo ponga Perdón,
Donde haya error, yo ponga Tu Verdad

Donde haya duda, yo ponga Fe;
Donde haya desesperación, yo ponga Esperanza;
Donde haya oscuridad, yo ponga Tu Luz,
Y donde haya tristeza, yo ponga Felicidad.

Concédeme la gracia de no buscar tanto ser consolado,
como consolar,
Ser comprendido, como comprender,
Ser amado, como amar,
Porque dando es como recibimos,
Perdonando es como somos perdonados,
Y muriendo en Ti, como nacemos a la Vida Eterna.
— San Francisco de Asís

Un incidente del cual aprendí una gran lección acerca de la transmutación ocurrió durante mi internado doctoral con el Dr. Bernie Siegel. Nos habíamos visto sólo brevemente durante una conferencia cuando recibí la invitación para estudiar con él. Bernie aún no era tan conocido, y yo no estaba muy segura acerca de que lo me esperaba o lo que esperaban de mí durante mi estadía inicial en la ciudad de New Haven.

El primer día de estudios, llegué al hospital Yale New Haven con algo de temor. Estaba prudentemente vestida con mi traje más profesional, incluyendo los tacones de cinco centímetros. Al ir camino al punto de reunión establecido, me encontré en el pasillo exterior de la unidad de cirugía y la sala principal de operaciones. Bernie me saludó con un movimiento rápido y superficial de la mano y una sonrisa de oreja a oreja. "Ponte ropa de trabajo y nos vemos en la Sala de Operaciones", fue su única y breve instrucción. Viendo la expresión de idiota en mi cara, una enfermera gentil vino gozosa a mi rescate y rápidamente me escoltó hasta el vestuario.

Con gran ineptitud me desnudé sin quitarme los zapatos de tacón alto. Me coloqué la indumentaria esterilizada para la sala de operaciones y batallé para colocarme la máscara quirúrgica. Después apreté mi larga cabellera dentro de una red de lo más fea. Sintiéndome complacida de al menos haberme vestido adecuadamente, me dirigí al quirófano. El clic-clac de los tacones de mis zapatos envueltos en la cubierta estéril para zapatos sobre el piso de linóleo era tan cómico que casi perdí mi compostura profesional cuando el paciente estaba siendo anestesiado.

A los veinte minutos de mi primera observación de una cirugía en el primer día de práctica, el paciente tuvo una crisis repentina por la anestesia y comenzó a ponerse azul. Mientras los cirujanos empezaban los procedimientos de emergencia para salvarle la vida, mi corazón latía con violencia, y la incredulidad transformó mi cara en lo que parecía una máscara teatral trágica. Hice todo lo posible para ocultar mi ansiedad, pero me encontraba al borde del pánico. Estaba aterrorizada de que este hombre pudiera morir justo frente a mis ojos.

De pie detrás de Bernie y muchos otros miembros del equipo de cirujanos, traté de no estorbarles y mantenerme calmada. Bernie, de espalda justo frente a mí, tranquilamente volteó su cara hacia un lado y hablando sobre el hombro dijo: "Ayudaría más si oraras".

Cerré mis ojos, respiré profundo y sin saber qué más hacer, comencé a rezar silenciosamente con él. En esa época, no creía en el poder de la oración ni en una inteligencia superior. Pero en verdad oré y con una convicción colosal y de todo corazón porque realmente quería que ese hombre viviera.

El paciente sobrevivió y yo aprendí una lección invaluable que nunca olvidaré: transmutar una situación negativa en una opción positiva y más enfocada en lo espiritual. Ahora, cuandoquiera que tengo miedo, transmuto el miedo en oración. ¡Funciona todo el tiempo!

✵✵✵ Lecciones cerca del mar

Después, el cuarto día por la tarde, estaba sentada en mi sala, más tranquila y aún tratando de distinguir lo real de lo irreal. Haciendo un esfuerzo por ser lo más estoica posible, poco a poco, parecía que me había conformado un poco con lo que yo aún percibía como un estado mental aberrante y extraño. Aun cuando todas las sensaciones y percepciones eran estimulantes, transformadoras y constructivas, la batalla interna seguía. Existían dos mundos paralelos, sincronizados entre sí, armoniosamente interactivos y extrañamente interceptados que funcionaban al unísono, conectados por una fuerza inteligente y omnipresente. Por alguna razón, durante estos pocos días, estaba cada vez más en armonía con el más sutil de los dos mundos, lo que me permitió tener vislumbres fantásticas de un mundo repleto de conocimiento, luz y paletas de colores luminosos.

Afuera se estaba gestando una tormenta eléctrica. Mientras el cielo se oscurecía y las nubes negras cargadas de lluvia colgaban siniestramente del cielo, yo busqué mayor comodidad, envolviéndome en una manta de lana y acurrucándome en la silla más cómoda de la casa. Envuelta y enrollada en la manta con un libro, una taza de café con leche y una repostería francesa, al fin me sentía a salvo y segura, pero el bastión fortificado que había creado era ilusorio.

Una vez más, la voz gentilmente se entrometió, interrumpiendo un momento de tranquilidad tan necesitado:

"Ve a la playa. Ahí encontrarás un maestro a las 3:00".

Instantáneamente, llegó una imagen a mi mente. Era la imagen de una playa cercana en un lugar muy específico. Parecía como si el sitio exacto hubiera sido proyectado telepáticamente a mi mente. No había duda alguna respecto a dónde se suponía que debía ir. La verdadera pregunta era: "¿Voy a escuchar esta voz, salir durante la tormenta y seguir las instrucciones de una alucinación auditiva?" o "¿Me estaría guiando una inteligencia divina e iré ahora a la playa a conocer a un maestro importante?". Inmovilizada por la incertidumbre, podía pensar en sólo una cosa —¡comer otro pastel relleno de crema!

Era la 1:30. De mala gana empecé a cambiarme de ropa, tratando de decidir entre quedarme o salir, entre la cordura o la locura. Los implacables debates interiores y las contiendas mentales crearon otra pelea de boxeo, las dos partes de mí luchando por imponerse. Pero cuando estudié las alternativas y me acordé de toda la gracia y belleza que había adornado mi vida estos últimos días, me di cuenta de que me quedaba una sola opción. Con la contienda dirimida, busqué un impermeable y me dirigí al lugar que había visualizado.

Cuando llegué a mi destino, la tormenta había pasado, pero el tiempo aún estaba muy tumultuoso y oscuro. La playa estaba completamente desierta. Obviamente yo era la única lo suficientemente temeraria para estar ahí fuera en una tarde tan inclemente y borrascosa.

Extendiendo un edredón sobre una duna de arena empapada, me senté lejos del borde de la marea y busqué refugio bajo los sargazos. Primero, disfruté del idílico escenario. Los cargueros se movían como si fueran pequeños barcos de juguete en el horizonte lejano mientras los asustadizos cangrejos de tierra color carne tímidamente se precipitaban fuera y dentro de sus casas subterráneas y las gallinetas se escabullían, presionando sus picos largos y ahusados dentro de la arena húmeda y dulce. Sus huellas en forma de tridente grabaron la costa como diminutos monogramas en miniatura. La marea estaba baja y podía ver una variedad de conchas esparcidas como collares sobre la arena, esperando ser encontradas. Recogí una que tenía visos dorados y blancos y luego otra que tenía la forma de un delicado turbante violeta. Al colocarlas en la palma de la mano, estudié las marcas coloridas que parecían inscripciones crípticas.

A lo lejos, una garza azul se posó para emboscar su almuerzo, esperando hasta que pasara nadando. Le eché un vistazo a mi reloj. Eran las 2:55. "¿Qué estoy haciendo aquí?", pensé mientras comenzaba a sentirme incómoda con la decisión que había tomado. Aquí estaba yo, parada cerca del océano en un día tormentoso porque una voz me había indicado que viniera a conocer a un "maestro". Casi esperaba que Yoda, el personaje de "La guerra de las galaxias" viniera lentamente hacia mí, pero yo era la única figura acurrucada contra el viento sobre una playa desolada sin nadie a la vista. Sintiéndome cada vez más ridícula, comencé a pensar que era una idea absurda. Mis ojos se llenaron de lágrimas mientras buscaba compostura y apoyé mi cabeza entre mis manos.

Cuando levanté la vista, vi a una figura distante caminando lentamente a lo largo de la playa. Mis ojos se pegaron a ella y siguieron todos sus movimientos mientras se acercaba. Al cabo de uno o dos minutos, puede observar que era un hombre joven, también vestido con un impermeable para el mal tiempo. Mientras se acercaba, se alejó del borde del mar y se dirigió hacia mí. Mis emociones recorrieron toda la gama, como si recorrieran la escala musical, antes de que pudiera forzar algunas respiraciones profundas para ayudarme a controlar mi ansiedad.

Caminó directo hacia mí y me dijo: "¿Qué haces aquí afuera con este mal tiempo?". Con ojos límpidos, lo observé y luego, totalmente enmudecida miré el reloj. ¡Eran exactamente las 3:00!

Era muy alto y de complexión delgada y tenía una abundante melena de cabello negro rizado. La cara tenía una apariencia juvenil, casi infantil y exudaba un encanto juvenil y halagüeño.

Mis emociones deben haber sido más bien transparentes porque me preguntó "¿Te sientes bien?".

La única respuesta que pude musitar fue "En realidad no". La siguiente pregunta fue muy rápida.

"¿Puedo sentarme?".

Casi en un suspiro le dije, "Claro".

Se llamaba Peter. El edredón sobre el cual nos sentamos se convirtió en una isla en una gran sabana de arena. Solos en la playa, irónicamente nos encontramos alejados de los rudos elementos. Antes de que me diera cuenta, le había abierto mi corazón y le había contado todo, todo lo que había ocurrido, todo mi torbellino interior e incluso cómo había llegado a la playa ese día. Todo el tiempo estuvo sonriendo con una comprensión amorosa y compartió partes íntimas de sí mismo acerca de sus propios esfuerzos con su creencia espiritual. Sentí un lazo intenso y penetrante con él como si nos hubiéramos conocido durante eones.

Me encontraba tan absorta por su magia con las palabras y su sapiencia, que las horas pasaron inadvertidas. El cielo se había aclarado y el sol, que se estaba ocultando, proporcionaba un escenario dramático, casi teatral. El satinado telón de fondo de colores variados le confirió un ligero brillo a su rostro angelical.

Peter se levantó para irse, y después de un prolongado y cariñoso abrazo, lo observé mientras se alejaba caminando sin voltear a mirar. No le había preguntado de dónde era o hacia dónde iba. Ni siquiera sabía su apellido. Las pocas horas que habíamos pasado juntos habían sido totalmente sanadoras, como un ungüento sobre una herida. Era evidente que había sido preestablecido que nos encontráramos, dos almas entre las miles de millones que hay en el mundo, conectadas en aquel día lluvioso, dos extraños, reunidos por la guía divina con propósitos que yo sólo podía imaginar.

Jamás volví a ver a Peter y aún hoy día, me pregunto si él fue más de lo que podía comprender. Las lecciones que aprendí ese día a la orilla del mar fueron tan numerosas como los granos de arena que había en esa playa, pero la más sobresaliente es ésta: Hemos nacido para amarnos los unos a los otros y para reconocernos mutuamente por lo que realmente somos; fragmentos divinos del Todo. La sencilla frase "Ama a tu prójimo como a ti mismo", dicha hace miles de años, es la clave para encontrar la paz en este frenético planeta. Con el corazón lleno de amor y la cabeza repleta de sabiduría, llegué a la comprensión profunda de que en el mundo no hay extraños, sólo amigos potenciales.

II. La segunda caminata

Las doctrinas en conflicto

Cuando finalmente logras ver a través de los velos cómo son las cosas de verdad, te quedarás diciendo una y otra vez, "En realidad no es como creíamos".

—*Rumi*

Habían transcurrido siete meses desde mi primera caminata con la Mente Universal. Ya estábamos en el mes de octubre. El fervor y la emoción de mi experiencia se habían desvanecido hacía mucho tiempo, pero aún estaban profundamente enclavados en mi memoria. Había permanecido en un estado de conocimiento ultrasensorial durante toda una semana. Incluso después de estos meses de reflexión, seguía luchando con la realización de que aquellos siete días habían alterado profundamente todas las facetas de mi ser y se sintieron como décadas de experiencias vívidas.

De vez en cuando, una parte de mí se volvía inflexible y decidida en la negación de la autenticidad de lo que había ocurrido. Las dudas penetraban en mi psiquis como una sombra indeseable. Anteriormente había estado tan segura de todo, tan convencida de que todo lo que había experimentado era real. Sin embargo, ahora que había transcurrido cierto tiempo, me encontraba reevaluando todo.

Mi mente vieja y escéptica resurgía periódicamente y analizaba y cuestionaba todo suceso y toda percepción. Me sentía derruida y fragmentada, incapaz de vivir a plenitud la vida que había vislumbrado en tan corto tiempo.

Si mis experiencias eran inequívocamente ciertas, las ramificaciones serían astronómicas. Comprendí que ya no podía continuar con una vida que me mantuviera alejada de todas las demás personas y cosas. Curiosamente, lamentaba ligeramente esta pérdida potencial de mi ego personal y del sentido de autoimportancia. Las deliberaciones internas siguieron una y otra vez. También sabía que era hora de integrar los dones de la sabiduría interior con mi trabajo profesional como psicoterapeuta, pero tenía muy poca claridad acerca de cómo lograrlo.

Una polarización poderosa entre lo que había aprendido recientemente y lo que ya sabía me dejó inmovilizada y frustrada. Era incapaz de librarme de este conflicto. En ese momento, siete meses después de mi "Primera Caminata", una mano estaba tocando la manija de la puerta del cielo, mientras que la otra aseguraba el cerrojo.

¡Asombroso! El mundo está lleno de luces y misterios
enormes, y el hombre los excluye de sí mismo
con su pequeña mano.
—*Martín Buber*

En ocasiones aún sentía que mis experiencias parecían irracionales e ilógicas. Indudablemente, escuchaba voces, tenía visiones y experimentaba una especie de estados alterados de la conciencia. Estas sensaciones usualmente no se consideran sintomáticas de la cordura. Pero el resto del tiempo, mi verdadero ser, mi espíritu, triunfaba con la firme noción de que otras dimensiones sí existían, esperando ser exploradas. ¡Qué forma de vivir tan horrorosa, estando tan dividida en mi interior!

`Nadando en este mar de dudas, decidí consultar a las "autoridades" en los asuntos espirituales, a los clérigos que habían dedicado la vida a la religión y la creencia en lo Divino. Hice tres citas —la primera con un rabino, la segunda con un sacerdote católico romano y la tercera con un ministro luterano.

Entrar a la sinagoga por primera vez después de muchos años me trajo recuerdos placenteros de mi niñez. Recordé aquellos tiempos cuando me reía en voz baja con mis amigos durante los servicios. Pero aparte de eso, este lugar consagrado a la adoración con su techo apanalado me parecía tan solo un edificio más. El rabino que me recibió en la puerta de su despacho parecía erudito. Era barbado y de bastante edad. Encajaba perfectamente con el estereotipo. Con un saludo y moviéndose a paso de tortuga, me indicó que me sentara y tomó su sitio al otro lado del escritorio.

Con sus nudosas manos fuertemente apretadas entre sí y tácticamente colocadas sobre el enorme escritorio de caoba, el rabino me preguntó en un tono paternal: "¿En qué puedo ayudarte?".

"Bueno, verá, he estado escuchando voces. He tenido visiones y sueños proféticos y también he visto la figura de Dios. ¿Usted qué opina?"

Sus ojos se abrieron al máximo mientras se retorcía nerviosamente en su silla de cuero de espaldar alto, la cual rechinó mientras se balanceaba hacia delante y hacia atrás, tratando de organizar sus ideas. Algo ansioso y tirando de su espesa barba blanca, comenzó un sermón que obviamente había preparado para calmarme. Deduje que se estaba preguntando si yo estaría tan demente como para representar un peligro para mí misma y para los demás. Mi intuición fue correcta porque al fin, con la mejor buena intención, me rogó que buscara ayuda profesional, insistiendo en que uno podía conocer lo Divino directamente, pero sólo a través de las Escrituras.

Agradeciéndole por su tiempo, dejé al rabino muy aliviado en su despacho. Mientras caminaba, sentía una gran soledad y un gran vacío. Acababa de consultar a un sabio venerado de mi propia religión, un hombre que había dedicado toda su vida a los propósitos religiosos y no tenía ni la más remota idea de lo que yo le había hablado. ¿Encontraría alguna vez a alguien que me comprendiera?

El siguiente en mi lista era el sacerdote católico romano. En aquella hermosa iglesia con su techo alto en forma de domo y sus magníficos vitrales que ilustraban a varios santos, se desarrolló exactamente la misma escena. Me fui sintiéndome desanimada y decepcionada.

Mi último chance era con el ministro luterano. La visita no involucró discusión teológica alguna. Me mandó directamente a un psiquiatra. En ese momento, comprendí que estaba completamente sola y que debía encontrar mi propia senda y buscar la verdad por mí misma.

Siempre científica, decidí emprender mi propio proyecto de investigación, para determinar qué tan prevalecientes eran los estados más elevados de la conciencia. Y así, comencé una búsqueda académica y sistemática de otras personas, tanto en los Estados Unidos como en Europa, que hubieran tenido experiencias parecidas. Mi investigación requirió del escrutinio y análisis objetivos de montones de libros y artículos escritos sobre el tema. Registré todas las bibliotecas buscando recuentos de los estados místicos en las escrituras sagradas de todas las religiones del mundo, y para mi felicidad encontré centenares de ellos. Asombrosamente, mi búsqueda me condujo no sólo a los escritos de orientación religiosa, sino también a las biografías y publicaciones de grandes artistas, poetas y músicos.

¿Pero qué pasaba ahora, en los tiempos modernos y en el mundo occidental? ¿Acaso era yo la única persona cuerda que oía voces y observaba cosas anormales? No lo era. ¡No durante mucho tiempo! Felizmente, pronto comencé a recibir comunicaciones y confirmaciones de muchos otros que durante toda la vida habían tenido experiencias similares a las mías. Muchos habían guardado silencio acerca de una infinidad de sucesos profundos y trascendentales.

Como parte de mi búsqueda metódica, había colocado un aviso en una periódico dedicado a la ciencia y a la espiritualidad, solicitando anécdotas de "estados expandidos de la conciencia" o de "experiencias religiosas o espirituales". ¡Las respuestas llegaron! Me vi inundada de correspondencia, facsímiles y llamadas telefónicas de parte de personas que deseaban compartir sus variadas experiencias.

Durante la exhaustiva tarea de analizar críticamente cada historia y separar la realidad de la ficción, mis años de experiencia en el campo de la salud mental y mi capacidad de diagnosticar fueron exigidos al máximo. Sin embargo, en la literatura clínica existía muy poca información que pudiera servir como base para discernir si la gente que escribió había tenido una experiencia mística o un síntoma patológico.

Una amplia búsqueda bibliográfica arrojó luz sobre el hecho de que la psiquiatría aún no había establecido la diferencia entre las psicopatologías y los estados elevados de conciencia. Para el observador neófito, muchos de los síntomas presentes en ambas situaciones podrían parecerse y manifestarse de manera idéntica.

La visión sostenida actualmente por la mayoría de los profesionales de la salud mental señala que las experiencias místicas o bien son una forma de disociación (una pérdida de la interrelación habitual entre los distintos grupos de procesos mentales) o de psicosis, término empleado para referirse a una clase o grupo particular de desórdenes mentales. De acuerdo con la psiquiatría moderna, los reinos espirituales no existen más que en la mente del enajenado.

Los libros de metafísica me dieron el apoyo que necesitaba para seguir avanzando en la dirección correcta. Fueron mis defensores, mi inspiración y la fuente de mi alimentación espiritual. Con el tiempo, encontré un clásico escrito por William James, *La diversidad de las experiencias religiosas*. James, quien fue profesor de psiquiatría y filosofía de la Universidad de Harvard a inicios del Siglo XX, afirmaba que los "fenómenos religiosos, aunque pueden estar potencialmente contaminados por nuestros valores intrínsecos, siguen siendo fenómenos religiosos". En otras palabras, cuando alguien experimenta un estado expandido de la conciencia, su personalidad de toda la vida acondicionadora e integradora del sistema de creencias influirá en su calidad y su contenido.

James inició la difícil labor de diferenciar las experiencias verdaderamente religiosas de la demencia y de las enfermedades orgánicas. Me di cuenta en ese entonces de que otros profesionales en mi campo se habían hecho las mismas preguntas complejas y buscado respuestas plausibles. Después de leer el libro de James, con felicidad tiré los obsoletos principios freudianos por la ventana. Para Freud, Dios no estaba muerto, sino sumamente vivo y ¡era un paciente! ¡ Yo ya no quería tener nada que ver con eso!

No todo lo que brilla es oro

Me sentí muy descorazonada al verme luchando tanto ante estas nuevas percepciones de la realidad. Mi falta de preparación para un encuentro místico y la tendencia a ver a la ciencia y a la psicología como las únicas vías posibles para la interpretación de los sucesos inexplicables no me dieron ventaja alguna. Como consecuencia de esta visión limitada, mi experiencia inicial fue más bien traumática y causó una reacción perturbadora.

Siempre decidida a avanzar y a no volver a los viejos esquemas de pensamiento, me fijé la meta de tener una mente más abierta en el consultorio y en mi trabajo. Pronto encontré la oportunidad perfecta para integrar mis nuevas introspecciones en el ejercicio de mi profesión.

Un neurólogo me remitió a una paciente porque sufría de migrañas causadas por el estrés. Se le habían practicado toda clase de exámenes habidos y por haber, con resultados negativos. Esta adorable joven comenzó a relatarme sus síntomas.

"¿Siente mucho dolor?", le pregunté.

Ella respondió, "No. No siento dolor alguno. Sólo veo relámpagos de luz brillante delante de mis ojos y veo símbolos geométricos".

Continué la evaluación, "¿Qué clase de símbolos?".

"Principalmente triángulos, cuadrados, círculos y una forma extraña como de dos líneas curvas que se interceptan", respondió.

Fui a mi escritorio y extraje una tabla de símbolos místicos universales y le señalé el que ella había descrito como dos líneas que se interceptan. "¿Son as?", le pregunté.

Los ojos se le abrieron al máximo. "¡Sí! ¿Qué diantre es eso?".

La medicina y la psiquiatría consideran que todos los síntomas inexplicados son patológicos, o sea, como algo anómalo en el paciente. Sin embargo, en este caso, quizás sólo quizás, esta mujer había tenido visiones breves de un reino en otra dimensión. Quizás le habían dicho que sufría de las "migrañas" por falta de una mejor explicación médica.

Pero, ¿qué me pasaba a mí? ¿Era real todo lo que había percibido? ¿Al menos en parte? ¿O absolutamente nada? Continué meditando. ¿Sería realmente cierto que existía un Dios, un ser inteligente e ilimitado, insondable que eternamente crea y penetra el universo, una fuerza vital cognoscible que está presente en todo? ¿Podría ser que nosotros, los seres humanos, estemos entrelazados en el cuerpo de este ser? ¿Será cierto que podemos comunicarnos con Él y percibir algunos aspectos de este Ser Supremo?

Tal vez en aquel momento estaba un poco incapacitada para el aprendizaje espiritual, pero aún no podía rendirme completamente y tener fe en esa convicción. No estaba segura de que mi mente fuera un instrumento confiable, y el contacto frecuente con mis colegas que se cerraban ante cualquier cosa remotamente espiritual, me proporcionaba poco apoyo. Me encontraba cada vez más aislada profesionalmente y bastante lejos del clan dogmático de los "científicos racionales".

Para rematar, no había hablado con prácticamente nadie acerca de mis experiencias debido a que mis amigos y conocidos más cercanos trabajaban en el campo de la salud mental. A pesar de nuestra amistad, estos profesionales bien intencionados creerían que estaba demente. Para ellos, no existía una línea de demarcación entre la demencia y el misticismo. La principal escuela de la psicología no considera que "estados excepcionales de la conciencia" sea un diagnóstico alternativo.

Yo había entrado en un estado mental que tanto los científicos como los clérigos consideraban demencial. Por lo tanto, jamás podría hablar de él. ¡Me sentía divinamente anormal!

Ver dentro de la propia naturaleza no es el fruto del estudio ni de la investigación.
Es una introspección profunda derivada de vivir en el corazón de la realidad, en perfecta atención.
—Thich Nhat Hahn

Durante el ajetreo en mis estudios y la lectura, encontré un libro titulado *Muchas vidas, muchos sabios*, escrito por el Dr. Brian Weiss, psiquiatra de un hospital local. El libro reseña las impresiones clínicas y personales de Weiss en cuanto a una paciente que se llamaba Catherine, quien recordó sus vidas pasadas bajo hipnosis. Catherine, que tenía la habilidad de servir como un canal para recibir información de entidades espirituales sumamente evolucionadas, le reveló a Weiss muchos secretos de la vida y de la muerte.

El entrenamiento de Brian, al igual que el mío, había sido de índole sumamente tradicional. Al principio, él también se preocupaba de que pudiera despertar una reacción adversa en sus colegas al revelar sus experiencias. De hecho, transcurrieron cuatro años antes de que él se atreviera a escribir acerca de ellas. Sin embargo, al estar por terminar el libro había resuelto todos los conflictos internos y vencido los temores en cuanto a su publicación.

¡Era un hombre con el cual me identificaba plenamente! Era un psiquiatra, vivía en la misma ciudad y había atravesado un proceso similar de introspección y escepticismo. Yo, en cambio, había luchado durante siete años antes de poder hablar y escribir acerca de mis experiencias. Desafortunadamente, como ya mencioné, estaba afectada por una discapacidad para el aprendizaje espiritual.

Animada, decidí buscar orientación profesional una vez más. Cándida e inconscientemente, estaba buscando el diagnóstico de un colega que no sólo estaba cuerdo, sino súper cuerdo. Como todavía no había alcanzado a tener suficiente confianza en mí misma y en la Mente Universal, necesitaba desesperadamente encontrar un compatriota en mi campo que se compadeciera de mí. Pronto reuní el valor para llamarlo.

La primera impresión que tuve de Brian fue positiva. Me pareció cálido, abierto y gentil. Sus maneras afables y compasivas me hicieron sentir cómoda de inmediato. Él me escuchaba atentamente mientras yo le develaba lenta y tenuemente mis experiencias. Después de un relato prolongado de los aspectos más importantes de mi experiencia, esperé ansiosa y angustiosamente o bien un reconocimiento positivo o una actitud de rechazo.

Cuando comenzó a hablar, me puse tensa, pero para mi agradable sorpresa, su actitud fue muy impasible. En forma tranquilizadora me dijo, "Claro que fue verdadero", y procedió a relatarme una de sus propias experiencias, la cual al principio cuestionó.

Esta conversación con Brian fue el catalizador que necesitaba para eliminar definitivamente la ambivalencia y el temor para comenzar a avanzar. Estimuló una limpieza catártica de mis dudas y desconfianza. "¡Fue verdadero!", pensé triunfalmente. Alguien me lo había dicho, alguien con un título de doctor en medicina después de su nombre. Aunque aliviada, también sentía ganas de patearme porque después de todo necesitaba la confirmación. Era una lástima que mi fe fuera tan débil y mi valor tan escaso que necesitara legitimar mis propias percepciones. Al menos, ahora podía concentrarme en los cambios internos en vez de en una búsqueda exterior. Ya no podía negarme a la atracción de la espiritualidad, esa fuerza magnética que siempre nos guía hacia la verdad desnuda. Ahora podía continuar de todo corazón el viaje hacia el centro de mi ser.

Es muy lamentable que mi práctica científicamente orientada a lo largo de toda mi educación hubiera engendrado una visión sesgada que me condujo a una separación entre la espiritualidad y la ciencia. La paradoja es que en realidad la ciencia ES espiritual y la espiritualidad ES científica. De hecho, el campo de la psicología inicialmente abarcaba el estudio del alma. Las palabras "psiquis", que significa alma, y "logos", que significa el estudio o tratado de algo, son de raíces antiguas. Como la semántica lo sugiere, la psicología se originó como un estudio religioso. Sin embargo, a través de su crecimiento y evolución, la psicología con el tiempo asumió una posición más científica y comenzó a concentrarse en el cuerpo, el cerebro y los procesos bioquímicos. Con el advenimiento de esta visión revolucionaria, la religión y la ciencia entraron en un curso de colisión.

Lentamente, a través de la meditación y el estudio progresivo de literatura esotérica, comencé a formar un concepto mental acerca de la naturaleza de la composición de nuestro verdadero Ser y nuestra Fuente. Sobra explicar que todos y cada uno de los intentos por tratar de definir o conceptuar lo Divino se vieron excesivamente limitados dada la carga y bendición tanto del cuerpo como del cerebro físicos. Pero poco a poco, comenzó a emerger una imagen reconfortante y agradable que me parecía lógica y científicamente sólida.

La imagen no era la de una deidad localizada y personificada, que se sienta en un trono dorado en las nubes, cuidándonos milagrosamente en todo momento y juzgando nuestro comportamiento de forma muy dura. Esta visión un tanto infantil y unidimensional es algo parecida a la del mito de Papá Noel, el cuento de hadas encantador acerca de un hombre que con su barba blanca vuela simultáneamente por todo el mundo entregando regalos a todos aquéllos que los merecen. Aún de niña, yo creía que los conceptos poco desarrollados y rudimentarios que nos enseñan en las iglesias y los templos acerca de la naturaleza de Dios tienen poco significado. Esta doctrina limitadora y estrecha fue en parte lo que me causó rechazar la religión organizada.

Con el tiempo, formé la imagen mental de un Ser Supremo infinito e inteligente que posee un cuerpo, pero no acorde con la forma que comúnmente visualizamos. Este cuerpo divino que percibí es multidimensional y no tiene forma. Es una masa sin forma compuesta por un número incalculable de planetas, seres humanos, animales, vegetales y minerales, todos viviendo y prosperando dentro del reino de este Ser. Es una entidad cuyos órganos vitales son los sistemas solares; los ojos son conciencia pura; la sangre es el *chi* que circula y vitaliza; las células son las criaturas vivientes que contiene; y su energía pulsante liberada dentro del universo es el aliento dador de vida de lo Divino. Toda la materia que yace en su interior, tanto etérica como física, es regida por ciertas leyes y principios que permiten un orden, una unidad y una armonía perfectos. Es un Ser cuyos latidos del corazón eternos y rítmicos yacen infinitamente en el centro, emitiendo sempiternamente las ondas cromáticas de Amor incondicional y benevolente.

Los cuerpos humanos son unos microcosmos de lo Divino. Nosotros, en cambio, somos un compuesto de células, sangre y órganos en el cual cada componente cumple una función específica y, bajo las condiciones correctas, funciona armoniosamente. Cuando las células individuales no están sintonizadas en forma armónica, se pueden volver malignas, tornándose descarriadas y rebeldes. Desenfrenadas y sin supervisión, con el tiempo pueden destruir todo el organismo.

Con demasiado frecuencia, la humanidad se vuelve una fuerza confundida y maligna dentro de este Ser maravilloso, cuando nos separamos, olvidamos y desafiamos a la Entidad dentro de la cual vivimos y respiramos. Los seres humanos son capaces de mutilar o destrozar una parte de este Ser divino sólo porque como dijo Cristo, "No saben lo que hacen". Enfatizo la parte física porque jamás se puede dañar o exterminar nuestro aspecto espiritual y la energía vital que nos da la vida.

La humanidad no es más que un surtido variado y una colección de células individualizadas que se mueven dentro de un enorme organismo viviente. Su razón de ser es cumplir su destino y servir un propósito, al igual que un glóbulo blanco cumple la misión de su vida dentro del cuerpo. Con el tiempo, llegué a comprender cómo se presenta tan frecuentemente este sentido de unidad en las historias que nos han sido contadas desde el inicio de la historia registrada. Podemos conocer nuestra Fuente porque somos milagrosos fragmentos integrantes de ella. Literalmente, sólo existen Un Cuerpo y Una Mente. Lo que en realidad somos es el resultado de un matrimonio coherente entre el espíritu y la materia. Lo que intrínsecamente somos es un nexo entre este Ser al que llamamos Dios y nuestra esencia individual y distinta. La conexión que une al mundo corpóreo perceptible y al mundo oscuro e insondable del espíritu.

La materia es el espíritu en su nivel más bajo,
y el espíritu es la materia en su máxima expresión.
— H. P. Blavatsky

Debido a mi mente excesivamente analítica, había sido arrastrada por una prueba final e irrefutable de la existencia de Dios. Desde luego, la Mente Universal reprueba las evaluaciones que la ciencia trata de aplicarle para estar segura. Pero, una cosa es segura: Nunca reprobará los exámenes de mi propio corazón. La compresión y la fe verdaderas yacen en lo profundo del corazón de nuestro ser. Después de mucho tiempo, era ahí donde convergía mi búsqueda.

El matrimonio místico

Tú estás en mí y yo en ti, pegados como si
fuéramos una sola y misma persona.

—*Gerlac Peterson*

En mi vida habían ocurrido tantos altibajos en un período relativamente corto que parecía como si yo hubiera estado rebotando sobre un trampolín esotérico en el cual me elevaba por los aires con estados exaltados y visiones beatíficas para luego descender velozmente bajo el efecto gravitatorio de mi estado de conciencia normal. Pero parecía que ahora, casi un año después de haber iniciado mi viaje místico, me encontraba más equilibrada y ecuánime. Esto se reflejaba de manera constructiva no sólo en mi vida diaria personal, sino también en mi trabajo.

El 7 de octubre estaba patrocinando un seminario sobre "El disfrute de la salud" en el Hospital San Francisco en Miami Beach. Poco después del cenit del segundo día de conferencia, estaba inquieta y cansada de estar encerrada durante tantas horas. El salón atestado de gente con su acondicionador de aire y sin ventilación, aunado a sus brillantes lámparas fluorescentes, me estaba comenzando a cansar. La exposición comenzó a parecerme tan molesta y fastidiosa como el goteo de un grifo. Retorciéndome en mi asiento, tenía una necesidad compulsiva y punzante —de escaparme hacia la comodidad del sol y el aire fresco.

El clima estaba demasiado bueno para ser un día del otoño tropical. Dado que mi mente había estado vagando afuera durante la última hora y pico, creí que también debía llevar mi cuerpo para allá, para que ambos estuvieran juntos en el mismo lugar. El océano estaba a sólo media cuadra de distancia y sabía que una caminata por la playa me rejuvenecería. Sucumbiendo ante mis insinuantes impulsos, me escapé por entre la muchedumbre para caminar, contemplar y relajarme. Al menos eso creía.

Tan pronto estuve cerca del océano me sentí vigorizada y al mismo tiempo calmada y con mucho solaz. Cuando una ráfaga de viento pasó entre mi cabello, soplando una brisa húmeda y salobre sobre mi cara, me perdí en medio de mis pensamientos. Me remangué los pantalones, me quité los zapatos, amarré la chaqueta alrededor de mi cintura y con gran abandono esquivaba las olas mientras caminaba por la playa. Para continuar disfrutando el momento, me detuve sólo para sopesar la vida y observar el movimiento de las olas. Los pelícanos de un color café herrumbroso picoteaban la ondulante superficie, deslizándose sin esfuerzo sobre las invisibles corrientes de aire. Las gaviotas ululaban arriba buscando alimento.

Las cálidas y tentadoras olas salpicaban a la arena de manera predecible, abalanzándose entusiastas para luego retirarse con el mismo sonido melodioso. El océano estaba vivo y respiraba, tomando inspiraciones largas y fluidas cuando las olas se retiraban. Este canturreo suave y delicado era seguido por exhalaciones fuertes, cuando las olas rompientes eran llevadas intencionalmente a la costa.

Mirando hacia el horizonte oriental, dejé que mi imaginación viajara hasta el África. Sólo el océano yacía entre ese vasto continente y yo. La extensión ilimitada del océano se veía tan inmensa y yo, comparada con él, me veía de poca importancia. Cuando recordé una fantasía de mi niñez en la que soñaba ser una sirena y vivir en el mar, pensé en la diversidad de vidas debajo de la superficie de esas olas. El océano siempre ha tenido una gran fascinación y una mística enigmática.

Cuando nos paramos en la playa, no podemos ver las miles de formas de vida en sus diferentes ambientes marinos. Lo que yace debajo es un mundo acuático mágico y brillantemente coloreado, al cual se puede acceder sólo usando el equipo apropiado. De igual manera, para entrar en los reinos divinos también debemos poseer las herramientas adecuadas para entrar. Ese instrumento es cierto estado de la mente.

Mientras me encontraba sumida en mis pensamientos y seguía contemplando la vastedad del mar, la voz regresó inesperadamente. Jamás se me había ocurrido que volvería. Siempre había esperado, si no presumido, que sólo ocurriría una vez. Esta vez, estaba asombrada pero sin miedo y considerablemente más atenta.

"Lamentamos que hayas tenido que sufrir tanto dolor en tu corazón".

La voz, que era asexual, tenía un tono compasivo y consolador. Permítame asegurarle que ni siquiera ligeramente se parece a la de mis propios pensamientos. Era clara, audible y con frecuencia me había hablado de temas y sucesos que no habría imaginado ni en mis sueños más exóticos. Faltando un nombre más adecuado, comencé a referirme a esta voz como mi "Maestro".

De inmediato entendí a qué se refería el Maestro. Pero, ¿a quiénes se refería el sujeto "nosotros" implícito en la frase? Prosiguió con un soliloquio gentil y afectuoso acerca de una enfermedad severa que casi me mató durante mi adolescencia. Sufrí varios episodios de pericarditis, una inflamación del revestimiento que cubre el corazón. Los médicos jamás determinaron su causa. En cada ocasión me trataron por mi sintomatología y con el tiempo desapareció.

El Maestro explicó el significado y el propósito del sufrimiento físico que acompaña a cualquier enfermedad. Mi respuesta fue un sumiso y estupefacto "¿En verdad?" Estaba sorprendida por esta información, sobre todo porque esta enfermedad había ocurrido hacía mucho tiempo, y aunque en su momento fue muy devastadora, no pensaba en ella muy a menudo. No comprendía por qué el tema del sufrimiento físico se había traído a colación, pero en cuestión de meses habría de comprender la importancia que estas palabras iban a tener en mi vida.

Al igual que antes, la discusión fue de carácter didáctico. Pensé que quizá alguna entidad o algunos seres etéricos estaban tratando de ayudarme de una forma muy personal y profunda. Pero, ¿qué o quién? ¿Sería mi Yo superior? ¿Un ángel guardián? ¿Una conciencia colectiva? No me llegó ninguna respuesta clara, pero tenía la clara convicción de que la experiencia era muy real y que la voz definitivamente me hablaba desde algún reino superior específico.

El Maestro me explicó que las causas de las enfermedades no siempre son claras. A veces, un malestar puede ser de origen metafísico, causado por una gran presión sobre el cuerpo por las energías sutiles que se están elevando. Una enfermedad también puede ser una forma benévola que utiliza la naturaleza para animarnos a movernos y crecer. Puede existir una gran oposición entre los torrentes de energía y las fuerzas cambiantes que nos afectan a todos durante nuestro ciclo de vida. El proceso de transmutación que ocurre inevitablemente para elevar la energía inferior, convirtiéndola en superior puede crear mucho estrés en el cuerpo hasta el punto de enfermarlo. Estos altibajos físicos divinos son parte del proceso mismo de la evolución. La mayor parte del tiempo, no estamos conscientes de que estas interrupciones en el *statu quo* cumplen una función muy importante. Según me explicó el Maestro, la vida humana es un portal evolutivo a través del cual el verdadero Ser puede ingresar al reino de todo lo divino.

Una enfermedad puede ser tanto un estímulo liberador con el potencial de reordenar todo lo que está estancado como un producto colateral del proceso metafísico del desarrollo. El Maestro me recordó que las enfermedades están presentes en los cuatro reinos de la naturaleza. Todo ser viviente constantemente está cambiando y evolucionando, y periódicamente este aguijón sagrado puede herirnos un poco.

Durante el tiempo que duró, la comunicación entre nosotros fue enteramente telepática. La transmisión de pensamientos fue igual que la recepción de ondas de radio, invisible aunque tangible. Yo estaba más vivamente consciente de lo que jamás había estado de que la realidad más grande es aquella que no podemos ver. A pesar de que había decenas de personas a mi alrededor mientras caminaba, ninguno me hizo caso. Seguí escuchando atentamente al Maestro cuando prosiguió.

El Maestro luego me comenzó a hablar acerca del tema de la "distracción", y recalcó mi dificultad de permanecer concentrada y mantener mi mente "firme en la luz". Específicamente, el Maestro me estaba enseñando a comprender cuán frecuentemente me separaba de mi sendero espiritual. En realidad eso no era una novedad para mí; sin embargo, fue muy iluminador y muy reconfortante. Es la tan común experiencia de saber qué es lo debemos hacer ante cualquier situación y no hacerlo. Todos tenemos esa peculiar tendencia.

Caminamos juntos y hablamos durante algún tiempo. Conversamos de muchos temas —las leyes universales, el concepto de una sola religión en el mundo, el dinero como una expresión potencial de la divinidad y el amor, del perfeccionamiento interior, la inmortalidad, el servicio al prójimo y la práctica de la inocencia.

Aunque el Maestro no hizo mención de los cataclismos que se avecinan, por alguna razón de repente me sentí preocupada acerca de los altibajos y cambios radicales que podrían ocurrir en la Tierra cuando comience el nuevo milenio. Percibí una gran e imperiosa necesidad de que todos comencemos a enfocarnos en la búsqueda espiritual en vez de en los asuntos materialistas. Instintivamente, me sentí muy angustiada por el futuro del medio ambiente y por la dirección que ha tomado la humanidad.

Muchas pistas indican que la era tecnológica está enredada en una lamentable batalla contra la naturaleza. A menos que comencemos a cambiar nuestras prioridades y dejar de buscar la riqueza externa en lugar de la abundancia interna, arriesgamos destruir nuestro bello planeta y con ello a nosotros mismos. Debemos realizar un esfuerzo consciente y concertado para reorganizar nuestras vidas para que podamos vivir y coexistir en armonía con la naturaleza y con nosotros mismos. De repente me sentía impulsada a participar en la preparación de mí misma y de otros para estos cambios que podrían ocurrir, o mejor aún, a aportar mi pequeña contribución para ayudar a evitarlos.

El conocimiento que me fue transmitido luego me era totalmente extraño. El Maestro tuvo que explicarme con mucha paciencia conceptos tales como el de la continuidad de la vida en forma de alma. Refutó la idea de que nuestra vida se limita al tiempo transcurrido desde el nacimiento hasta la muerte. Más bien, se trata de un proceso infinito en el cual nuestro verdadero ser, el alma, continúa a través de la experiencia del renacimiento. Cada período de vida es una oportunidad para aprender y desarrollar las cualidades divinas hasta que el cuerpo ya no puede aprisionar al espíritu, sino es éste el que lo usa para manifestarse. La presente vida es tan sólo una fracción de las experiencias que con el tiempo conducirá al alma hacia su meta final —la autorrealización.

Cada período de vida, incluyendo la presente, es abrumadoramente importante para el viaje del alma y para el peregrinaje de la humanidad porque cada espíritu tiene una misión específica que cumplir. Elegimos venir al mundo físico para completar dicha misión. Todos tenemos un destino, y el destino es SER. Ser nuestra esencia, no nuestra personalidad. Ser nuestro espíritu, no nuestros acondicionadores. Todo en la vida está encaminado para ser una odisea individual, original y arquetípica que cumple con el propósito evolutivo del alma.

El alma humana es como un ave que nace en una jaula.
Nada puede privarla de sus anhelos naturales
u obliterarle las memorias misteriosas de su linaje.
—Epes Sargent

Todo lo que hacemos durante la vida, tanto lo positivo como lo negativo, influye en nuestro desarrollo espiritual personal así como en el de la humanidad. No vivimos en vano. En el ámbito de lo metafísico, todo está interconectado y afecta todo lo demás. El viejo proverbio que dice "Si recoges una flor, perturbas a una estrella" es totalmente cierto. Los físicos lo denominan el "efecto mariposa". Creen que de hecho cuando una mariposa bate sus alas se podría iniciar una tormenta.

El Maestro permaneció silencioso durante varios minutos. Continué paseando por la playa, disfrutando la arena húmeda y fresca que pisaba con mis pies descalzos. Miré hacia atrás para ver mis huellas, las cuales eran borradas rápidamente por las olas que rompían. Para mí, era un recordatorio de la efímera existencia temporal de cada vida.

Y entonces, el Maestro volvió a hablar. El tono de su voz había cambiado ligeramente. Una vez más, llegó una instrucción, mejor dicho, una tarea.

"Pronto encontrarás una piedra en forma de corazón".

La busqué meticulosamente en la arena mientras caminaba, pues presumí que debía recogerla cuando la encontrara. Quizá un minuto más tarde y 46 metros más adelante, como era de esperarse, ahí estaba la piedra. Tenía la forma perfecta de un corazón. Era más bien plana, suave al tacto y casi blanca, decolorada por el sol. Parecía como si hubiera estado tirada junto al mar durante años, escrupulosamente labrada por una mano invisible y amorosa, para luego ser arrojada hacia la playa con gran dedicación. No estaba sorprendida ni en lo más mínimo al encontrarla.

Me detuve y la recogí ceremoniosamente. En la palma de mi mano parecía una joya rara y preciosa. Examiné e inspeccioné cada centímetro de ella, en todo momento llena de reverencia por este regalo. Era una ofrenda gloriosa del océano, un regalo cósmico, dado con Amor.

Apretaba la piedra en la mano cuando el Maestro volvió a hablar:

"Esta piedra representa tu corazón. La arena que tiene encima simboliza las impurezas. Lanza la piedra dentro del océano, que es Dios. Las impurezas de tu corazón serán removidas".

Las lágrimas brotaron de mis ojos. Las gotas salobres se mezclaron con el agua salada. Una sensación oceánica me recorrió cuando lancé la piedra lo más lejos que pude y observé cómo era rápidamente engullida por las olas.

Al instante, me sentí unida al Creador de Todo con mi mente, mi alma y mi corazón. Era un voto silencioso de matrimonio, una ceremonia sacramental, un rito de entrada en la vida espiritual. Mi dama de honor fue el sol y las gaviotas, mis testigos. A este rito sagrado, sin percatarse, asistieron muchas otras personas que estaban en la playa, quienes ya no eran extraños, sino familiares, hijos de Dios y parte de mí misma. Fue un matrimonio grandioso, una verdadera unión de mi espíritu con el Todo.

En la arena, justo donde yo estaba parada, alguien había dibujado dos círculos que se interceptaban. Individuales, pero uno solo, ellos fueron mis aros, uniéndome inviolablemente a mi Fuente. Una forma superior de conciencia había estado esforzándose por tener el control y finalmente, yo me rendí. Juntos, el océano y yo respiramos profundamente.

De acuerdo con los refranes budistas, "Los Maestros abren la puerta, pero debes entrar por ti mismo" y "Antes de que puedas recorrer el camino, debes convertirte en ese camino", yo había escogido voluntariamente este sendero y este matrimonio místico, con el cual mi ser espiritual había despertado. El único fin adecuado para el Amor es la unión, un lazo para toda la vida, eterno, que no puede romperse jamás.

Una serenidad y una libertad inconmovibles me invadieron mientras una suave brisa me empujó a lo largo de la playa. Había estado tan absorta en esta experiencia que había perdido la noción del tiempo. Durante un momento, no hubo tiempo, sólo un instante.

A mi alrededor, los niños jugaban, los equipos de sonido de los autos sonaba a todo volumen, y muchos cuerpos bronceados andaban en la playa. Para todos los demás, tan solo era un día normal en la playa. Rebosante y plena de dicha, le hablé mentalmente al Maestro, esperando volverme elocuente sobre la experiencia. No hubo respuesta, sólo mis propios pensamientos. Con la típica sonrisa de quien sabe, el Maestro se había ido, pero no muy lejos.

Bajo el abrigo del monje

Si no desarrollamos en nosotros el sentimiento profundo de que existe algo superior, jamás tendremos la fortaleza para evolucionarnos en algo superior.

—Rudolf Steiner

a literatura esotérica sostiene que cuando el discípulo está preparado, el maestro aparece. Un preceptor espiritual estaba a punto de entrar en mi vida, un suceso que sólo podía ser producto de un acto de misericordia, una bendición intercesora de los reinos elevados. Con el tiempo, Este guía alimentaría y cuidaría la metamorfosis que estaba ocurriendo y proveería la alquimia necesaria para ayudar a transformar en oro puro mi vida, que había sido del más burdo metal.

Convencida de la validez de mis experiencias, así como de la existencia de los reinos y las entidades espirituales, aún no me sentía suficientemente cómoda como para hablar de ellos. Con excepción de Peter, a nadie le había contado nada debido a mi temor de que al compartir mis visiones internas, me estuviera arriesgando a ser malinterpretada o juzgada. Necesitaba resguardar la santidad de mis experiencias y no estaba segura de si al descubrirlas lograra hacerlo. Pero ahora parecía que había llegado la hora de salir de mi sigilo y comenzar a probar las olas de la opinión pública.

Decidí comenzar con alguien muy filosófica y confiable, Andy, una de mis hermanas mayores. Ella había vivido en la ciudad de Santa Fe en el estado de Nuevo México durante varios años, enseñando y estudiando la danza indígena de la cultura indígena del sudoeste de Norteamérica. Ahí existe una gran comunidad de la Nueva Era, que coexiste y se entremezcla pacíficamente con el estilo de vida indígena. Ambos grupos son inspirados por la mentalidad espiritual y por un sabio respeto al medio ambiente. La mayoría de los residentes encaja en ambas culturas. Confiaba en que ella estaría abierta a esta clase de cosas. Fue una buena elección.

Cuando le relaté toda la historia, ella se animó y emocionó. En verdad no me vio como si yo estuviera loca, lo cual era una preocupación que yo aún no había superado. Aún batallaba contra la deprimente sensación de que yo era la única que entendía esta realidad. Nada más lejos de la verdad.

Después de escucharme atentamente, Andy comenzó un apasionado y académico ruego para que yo buscara el consejo de alguien que pudiera interceder y ayudarme a acelerar la comprensión e integración de todo el juicio de Dios a conciencia. Sin más demora, logró concertar una cita con un monje del este de la India nacido en Bombay, quien en ese entonces vivía en un centro de retiro en Oklahoma. Se habían conocido hacía años en Santa Fe. Ella fervorosamente lo describió como una persona notable y excepcionalmente evolucionada. Sin ser particularmente entusiasta, le expresé mi acostumbrado escepticismo.

Afortunadamente, mi hermana difícilmente acepta un "no" por respuesta cuando se siente segura acerca de algo. Incluso antes de que yo pudiera tener una oportunidad adecuada para protestar, ya estábamos a 10 mil metros de altitud, volando hacia el pequeño pueblo de Coyle en el medio oeste, hacia una comunidad agrícola que apenas aparece en los mapas. Hasta el día de hoy, no tengo idea de qué provocó esta decisión o de por qué fui. Todo lo que sé es que estaba destinada a cambiar mi vida.

Aterrizamos en la Ciudad de Oklahoma, alquilamos un auto y comenzamos el viaje de 90 minutos hacia Coyle. El paisaje a través de la ventana del auto era un tanto monótono, raso, seco y llano, sumamente diferente al clima tropical al que yo estaba acostumbrada. Parecía reseco y necesitado de humedad. Las grandes extensiones de las granjas rurales estaban salpicadas por los graneros, los silos y el ganado. Los fardos de dorado heno estaban amontonados en pilas geométricamente calculadas, conformando una curiosa arquitectura orgánica.

Mientras Andy conducía, me recliné en el asiento y me entregué a la tentación hipnótica de la franja solitaria que formaba la recta de la carretera delante de nosotras. Al acercarnos a nuestro destino, nos salimos de la vía principal e ingresamos a una carretera de polvo en la que vi un letrero que decía "San Francisco de los Bosques". Para entonces, era toda una adepta a escuchar el lenguaje misterioso del universo que se comunica a través de señales, símbolos y sincronismos, por lo que inmediatamente fui sacudida por la sinergia del nombre.

Cuando salí del auto, me encontré pisando una tierra bautizada en honor a San Francisco de Asís. Algo se activó en mi mente y comencé a juntar algunas "coincidencias" interesantes. Por primera vez me di cuenta de que había nacido en el Hospital San Francisco, que había dictado una conferencia en el mismo Hospital San Francisco el día de mi "Segunda caminata", que San Francisco y yo nacimos en la misma fecha y que ahora me encontraba en San Francisco de los Bosques. Aún con mi gran incapacidad para el aprendizaje espiritual, estaba conmocionada por la buena suerte que tenía para hallar cosas valiosas por casualidad. No tenía ni la más remota idea de lo que todas estas coincidencias significaban para una chica judía de Miami. ¿Qué posible conexión podía tener yo con un santo italiano del Siglo XIII? No tenía idea, pero había aprendido que TODO tiene un significado, así que presumí que esto también lo tenía. Pero sí estaba segura de algo —aun cuando no pudiera comprender su significado de inmediato, definitivamente lo entendería más tarde.

Pronto fuimos recibidas por un hombre simpático, canoso y sesentón a quien Andy me presentó como el Dr. Shyam. En ese momento sólo podría haberlo descrito como muy alegre. Tenía una sonrisa sensacional y su presencia era asombrosa y digna. Había algo sumamente inquietante al estar en su compañía, pero no en un sentido negativo, desde luego. Exudaba una calidad magnética y halagadora, así como un carisma inexplicable aun cuando su conducta era sumisa y tranquila.

Mientras nos conducía graciosamente hacia nuestra cabaña, sus ademanes educados y cultos de influencia británica eran claramente visibles, a pesar de que su conversación estaba cargada con su acento de la India. Nos invitó cordialmente a que cenáramos con él, y luego se alejó apresuradamente con la energía y agilidad de un hombre mucho más joven. Desapareció rápidamente entre los árboles, seguido animosamente por dos perros enormes y juguetones.

Anochecía cuando caminamos los 400 metros hacia la casa de Shyam y sólo quedaba una luz muy tenue. El extenso paisaje era tranquilo y relajante, muy distinto del de la ciudad constantemente ruidosa. Casi podía escuchar el silencio interrumpido por los cantos ocasionales de los grillos. Cuando el cielo oscureció, las constelaciones quedaron completamente visibles y parpadeaban diligentemente sobre la eterna cobija de índigo. Parecía como si alguien hubiera perforado repetidas veces el oscuro manto del cielo, haciéndole agujeros diminutos a través de los cuales brillaba la luz. Era sumamente hermoso y muy pacífico.

Shyam estaba preparando diligentemente la cena, y por supuesto Andy y yo nos ofrecimos a ayudarle. El acto trivial de preparar la cena esa noche marcó el inicio de mis años de entrenamiento intenso con este hombre acerca de la vida y sus paradojas, la grandeza del Amor, el espíritu y su expansión y la conciencia y su culminación en la Divinidad, para mencionar sólo algunos de los tópicos sobre los que conversamos y debatimos a lo largo de esos años. Este viaje fue la inauguración de mi ansiosa búsqueda de las piezas del rompecabezas que pudiera descifrar las obras misteriosas del universo.

A Andy y a mí se nos asignó la sencilla tarea de picar los vegetales, pero aún ese acto rutinario se convirtió en un ejercicio de la antigua tradición del Ayurveda, "La ciencia de la vida", una práctica de la medicina hindú con más de cuatro mil años de antigüedad. Shyam nos explicó que el uso primordial del Ayurveda es la aplicación medicinal de las plantas y los alimentos para curar, aunque no se limita sólo a eso. Nos recordó que dentro de los minerales y vegetales más comunes hay medicamentos poderosos y reanimadores para tratar casi todos los males que pueden afectar a la humanidad. Conforme Shyam continuaba su discurso sobre la naturaleza y lo perfecta e intencionalmente que ella nos provee de absolutamente todo lo que necesitamos, comencé a comprender por qué es esencial que la conservemos.

La aparentemente ordinaria cena fue un adoctrinamiento acerca de la importancia e interconexión de los reinos animal, vegetal y mineral. Comenzó a explicarnos que todos los reinos en la naturaleza tienen una vitalidad, propósito y nivel de conciencia propios.

"Aún los minerales tienen un enorme poder interior latente", explicó con paciencia. "Por ejemplo, el uranio hace mucho se ha usado para la energía atómica y los cristales de cuarzo originalmente fueron usados como conductores de ondas de radio. Ambos tienen profundas fuerzas intrínsecas ocultas en sus componentes. Apenas hemos comenzado a descubrir las posibilidades. La poderosa esencia y energía de los minerales son absorbidas y utilizadas por el mundo vegetal. La energía en realidad es la actividad viviente del reino espiritual. Continuando con el esfuerzo cooperativo, las plantas también reciben su sustento de la energía del sol y del agua. De ese modo, cuando comemos la manzana de un árbol, estamos recibiendo la esencia más intrínseca de los minerales, el sol, el agua y de la planta misma. El acto casual de comer un trozo de fruta debería ser un rito sagrado—la ingestión de elementos de la naturaleza vivificantes y dadores de vida. El ritual de las oraciones a la hora de las comidas se desarrolló hace mucho tiempo como una manera de expresar la gratitud por esta milagrosa coordinación de las fuerzas naturales".

La preparación de la cena también fue una experiencia única. Jamás había visto a nadie manejar la comida con tal reverencia y precisión. Las propiedades medicinales y el efecto de cada especia en el cuerpo fueron el tema de una disertación larga y elocuente. Mientras removía suavemente las diferentes capas de una cebolla, Shyam aprovechó el momento para usar la cebolla como ejemplo de una metáfora de la vida. "Muchas capas, muchas vidas, muchas realidades", señaló. Frecuentemente, señalaba apuntes crípticos y entonces cambiaba de tema. Su estilo poco convencional de conversar era simpático y juguetón, aunque siempre pragmático.

Shyam procedió a explicarnos cómo la energía sigue a los pensamientos y cómo nuestras ideas e intenciones afectan la calidad de la comida. Me acordé de la película mejicana "Como agua para el chocolate", en la que la comida preparada por la protagonista quedaba saturada por cualquier emoción que ella sintiera en ese momento. Aquellos que la comieran quedaban imbuidos con esas emociones e impulsos. Es una película muy cómica, con una trama que tiene cierto elemento de realidad.

El resultado de nuestros esfuerzos culinarios combinados fue un festín con aroma de azafrán, que innegablemente fue la mejor comida que hasta ese momento había degustado. Mientras comíamos, Shyam comenzó a disertar sobre la conciencia en el ámbito atómico.

"Cada átomo en tu cuerpo es un dispositivo electromagnético submicroscópico. El átomo mismo es una unidad de energía auto-contenida, claramente distinta de las demás, pero que funciona armoniosa y colectivamente. A su vez, está constituido de innumerables electrones en constante revolución. Dentro de esta fuerza eléctrica de la naturaleza existe una inteligencia absoluta o psique, si así lo prefieren llamar. El átomo es una entidad viviente y posee un determinado nivel de conciencia. Nuestros cuerpos están compuestos por átomos. Un ser humano es una asociación, un conglomerado de estas partículas de conciencia. Ellos se acumulan inteligentemente para generar las formas de acuerdo a un plano. Ese plano sólo es conocido por el maestro constructor, el Arquitecto Divino".

Él estaba confirmando lo que yo ya sabía —que la ciencia y la espiritualidad no son diferentes ni separadas, sino que son una misma cosa. Si pudiéramos percibir a la espiritualidad como ciencia y a la ciencia como espiritualidad, quizá este concepto sería aceptado y digerido con mayor facilidad por aquellos que tienen momentos difíciles con las ideas intangibles y las creencias. Ciertamente, yo no era ajena a ese dilema. La lección sobre este tema estaba por terminarse. Aunque tenía un millón de preguntas por hacer, me limité a escuchar no más.

Mientras tomábamos té inglés y nos deleitábamos con budín casero hecho de arroz, Shyam prosiguió, "Existe un viejo adagio sánscrito que dice: 'Conócete a ti mismo, porque dentro de ti encontrarás todo lo que debe ser conocido.' Si conciben a cada ser humano como una colección de átomos inteligentes, en realidad verán que la persona es un ensamblaje de conciencias. Si amplían un poco más la idea y consideran que un planeta está constituido de átomos y que todas las formas de vida que habitan en él conforman un todo coherente, entonces, el planeta en sí es una entidad consciente. Sigan avanzando en la misma idea y piensen de igual manera con respecto al sistema solar. En el centro del sistema solar está el sol, ese núcleo de energía alrededor del cual giran todos los planetas, que se sostienen en su órbita de manera omnipotente por alguna ley fenomenal de la naturaleza. Por ende, verán que un átomo en realidad es idéntico a un sistema solar y está constituido por la misma sustancia que el universo: conciencia y energía".

Yo estaba encantada con la conversación. Nos sentamos y conversamos hasta tarde esa noche. Nos retiramos cuando ya no pudimos aguantar más la somnolencia.

﷼ A más preguntas, más respuestas

A la mañana siguiente, salté de la cama, lista para escuchar más. Después del desayuno, todos realizamos una larga caminata. El retiro estaba construido en una parcela de 162 hectáreas, y se autofinanciaba al funcionar como una granja productiva. Caminamos sin rumbo a lo largo de un laberinto de caminos largos que serpenteaban a través de pastizales que llegaban a la cintura y sembradíos de maíz, en ocasiones encontrándonos con las ardillas y conejos que se escurrían entre la maleza.

En un instante, volví a experimentar el mismo estado de expansión de la mente que había tenido antes. Miré a Shyam para conversar con él para contarle toda la historia perturbadora de lo que me había ocurrido en casa. Me miró con la mirada astuta de un lince y comenzó a explicar lo que me había sucedido y lo que me estaba sucediendo en ese momento.

"De repente te volviste consciente y comenzaste a ver más allá de la fachada de las cosas", dijo. "En todas las eras, cuando la gente ha declarado haber 'visto' o 'escuchado' a Dios, lo único que les ha ocurrido es que momentáneamente han visto a través de la ilusión de que todas las cosas son distintas. Han penetrado directo en la sustancia de las cosas y han visto la totalidad indivisible. Lo experimentaste tú como un momento de crisis, debido a tu pensamiento estrecho y parroquial, así como por tu entrenamiento psicológico anticuado. Si no estás preparada para ello, la experiencia puede ser muy aturdidora y aterradora. A veces, la gente sufre períodos de estrés muy severos, debido a la angustia de ver que la Realidad es tan grande. A este suceso a menudo se le denomina la "iluminación" porque todo conocimiento y sabiduría es una forma de luz. Esta luz de conciencia revela cosas previamente desconocidas y sumamente desestabilizadoras. Cuando abres directamente la puerta a la Esencia Universal, a tu propio ser, que es un fragmento de ella, jamás podrás volver a estar satisfecha con tu antigua forma de vida".

"Nuestro universo es multidimensional, no como el mundo unidimensional que percibimos con nuestros cinco sentidos", explicó. "Lograr el contacto directo con el segmento de la Divinidad que reside dentro de ti permite que 'los sentidos del alma' entren en acción y permite que tu conciencia esté en estrecho contacto con las dimensiones cuarta y quinta. En el futuro, toda la humanidad podrá desarrollar la clariaudiencia y la clarividencia, es decir, la capacidad de escuchar y ver en los planos más sutiles de la existencia tan claramente como en el plano físico".

"¿Podrías explicar eso un poco más?", le pregunté. "No lo entiendo por completo".

"Por supuesto. Sólo podría tratar de explicarte las percepciones en la cuarta dimensión como un salir del pensamiento lineal y ser capaz de 'ver' a través y alrededor de los objetos. Es percibir en un ángulo de 360 grados; es como si tuvieras ojos detrás de tu cabeza. En esa dimensión, no existe el tiempo lineal que conocemos. El pasado, el presente y el futuro pueden percibirse al mismo tiempo".

"La percepción de la quinta dimensión es la capacidad de estar en completa armonía con todo lo que existe", dijo. "No existe separación. Este nivel de conciencia permite a la persona ver que en realidad existe Un Sólo Cuerpo y Una Sola Mente. Es como si se pudiera ver a través de los ojos de otra persona o animal. Cuando penetras aún más dentro de ella, puedes percibir incluso a través de la conciencia de las plantas".

Yo estaba perpleja y volví a incurrir en mi personalidad clínica. "Eso se parece a una forma de psicosis", repliqué. "¿Entonces cuál es la diferencia entre el misticismo y la locura?".

Su voz instantáneamente tomó un tono más sobrio. "Ah, existe un gran abismo entre las dos. La demencia puede tener una causa estrictamente orgánica, tal como un desorden cerebral, o puede ser causada por un rápido flujo de energía cósmica que la persona no esté capacitada para soportar físicamente. El diluvio podría entonces causar un desequilibrio químico. Muy por el contrario, la experiencia mística es la máxima cordura. Existe más de una causa de la locura, los cuales ya se han identificado, pero en ciertas culturas sólo hasta ahora las aceptan. Es verdad que ocurre la posesión de parte de personas desencarnadas mal encaminadas, y probablemente esa es la fuente de la mayoría de los desórdenes de múltiples personalidades. Un trauma emocional puede ser un factor que predisponga a la susceptibilidad".

Tenía desesperación por entenderlo todo. Parecía que casi todo lo que yo había aprendido a lo largo de mi formación académica se acababa de derrumbar. Fundamentalmente, me habían enseñado a creer que los problemas psicológicos surgían bien porque nuestros padres eran limitados o porque había un desequilibrio químico. Ahora debía incluir lo metafísico dentro de la ecuación. Quise hacer más preguntas, pero Shyam cambió de tema. A lo largo de los años de amistad que tenemos, he aprendido que todo lo que él hace tiene una intención y un propósito. Comenzamos a contar historias más bien humorísticas y frívolas.

Habíamos caminado kilómetros en el perímetro de unos campos de trigo florecientes y dorados cuando Shyam comenzó a contarnos la saga épica de su vida. Contó sus muchas aventuras en la India. A los 14 años de edad, se convirtió en un monje célibe por voluntad propia, y ha mantenido ese compromiso personal hasta este momento. Pasó 12 años en los Himalayas estudiando y llevando una vida monástica, y aunque nació en una próspera familia brahmán, renunció a toda riqueza material.

Mi historia favorita era una que él contaba con toda jovialidad. Durante casi un año, Shyam vivió completamente a solas en una cueva ubicada en lo alto de una montaña. Esta caverna se convirtió en su casa, aunque no tenía comodidades ni compañía, excepto por la hospitalidad de una familia de osos. Nos contó acerca de la aceptación final por parte de los osos, de esta singular coexistencia y de su carácter indómito pero compasivo. Después de unos meses, cuando los osos regresaban de alimentarse en los bosques, traían alimento para él, y un hombre y las bestias vivieron juntos en forma pacífica y armoniosa. Había tanto que aprender de Shyam y por alguna razón, él quería enseñarme.

La historia compleja y seductora de su vida era tan fascinante que casi parecía ficticia. Yo estaba encantada por este hombre, y hallé su sabiduría, equilibrio y presencia muy subyugadoras. Parecía tener su dedo sobre el pulso universal, y un módem interno directamente conectado a la computadora cósmica. Contestó cuanta pregunta logré hacerle, y cada respuesta era más profunda que la anterior.

Fatigados de tanto caminar, regresamos por una ruta diferente, la cual nos condujo a través de alquerías y lagunas de película. Un par de graciosos cisnes opalinos ágilmente se deslizaron a través de una mancha de agua verde como un guisante, formando un dúo con una coreografía soberbia. El agua estaba tan limpia que se podía ver a unos peces grandes y manchados nadando bajo la superficie. Unos inmaculados lirios color violeta con sus hojas grandes y brillantes flotaban con nobleza, sus raíces llegando hasta el lodo negrusco del fondo. Otra metáfora, cortesía de la naturaleza. Una neblina brumosa cubría la laguna, y le dio a toda el área un efecto como de ensueño. Se cambió mi percepción inicial de Oklahoma al darme cuenta de que tenía su propia y característica forma de belleza.

Durante el almuerzo, nuevamente no unimos al ritual de preparación de la comida. Yo estaba desarrollando una gran destreza en cuanto a picar los vegetales, colocando cada hierba aromática en pequeñas pilas sucesivas. Cuando vertíamos los vegetales en una olla, le hice la pregunta más inquietante de todas: "¿Qué o quién se había comunicado conmigo meses atrás?".

Shyam no levantó la mirada. Estaba sumamente concentrado en la combinación adecuada de hierbas, especias y vegetales multicolores para su obra maestra culinaria, un estofado brahmán de la India. Transcurrió un minuto antes de que él hablara.

"¿Sabías que cada color de los vegetales tiene un efecto muy específico en la gente?", preguntó.

Sin saber por qué había sido evasivo, repetí mi pregunta.

Después de una pausa muy prolongada, dijo: "Existe una comunidad de almas, una red de energía espiritual o unos seres, si así lo prefieres llamar, que a través de sus miles de vidas han logrado una expansión de conciencia tal que ahora actúan estrictamente en el plano espiritual. Han llegado a un punto en la evolución en el cual han vencido a la materia y ya no residen más en el mundo físico denso. Ellos TIENEN una existencia física, sólo diferente a la tuya o la mía. Sus cuerpos son mucho más refinados e inmateriales. Han evolucionado hacia un nivel de conciencia que es estrictamente mental y en el cual la comunicación es telepática, tanto entre ellos mismos, como con quienes vivimos en la Tierra".

"Ellos, de hecho, son los intermediarios entre nosotros y el Creador de Todos y del Todo. Nosotros, en cambio, somos la mitad del camino entre los reinos infrahumanos y sobrehumanos. Su único propósito es servir y actuar como nuestros defensores. La labor de la humanidad es servir como defensora de todas las entidades vivientes", explicó, mientras extendía las ollas sobre la estufa. "A lo largo de la historia se les ha llamado ángeles y artísticamente se les ha representado como seres celestiales adornados con halos de luz y alas emplumadas. Esa es una visión muy limitada. Son embajadores espirituales cuya intención más intrínseca es ayudar a nuestras almas en su proceso evolutivo y de despertar la conciencia así como transmitir la voluntad de Dios".

Mi respiración se aceleró. "¿Por qué me hablaron a mí? Yo no era una persona religiosa", balbuceé.

Las respuestas de Shyam eran calculadas y deliberadas. "Se están comunicando con todo el mundo, todo el tiempo, pero en formas diferentes. ¿Por qué te hablaron a ti directamente? Eso es algo que sólo tú puedes contestar. Todo es tan misterioso y maravilloso", dijo con su habitual risa contagiosa.

Los días se fundieron en el tiempo. Absorbimos toda la información que nuestras mentes cansadas podían retener. Cuando llegó el momento de volver a casa, nos despedimos triste y renuentemente de Shyam, y nos dirigimos al aeropuerto.

Al deslizar hacia atrás mi asiento en el avión, me sentí agradecida por los sucesos que constantemente se estaban desarrollando y di las gracias por las personas extraordinarias y amadas en mi vida, tanto los familiares como los recién conocidos. Andy y yo hablamos incansablemente acerca de la confortante y asombrosa aceptación de que en realidad existen seres etéricos amorosos que están en constante armonía con nosotros y dispuestos a ayudarnos todo el tiempo. Para ambas, esa fue una compresión que nos animó y cambió nuestras vidas.

A través de la ventana se veían las nubes que parecían almohadas blancas como la tiza, deslizándose piadosamente a través del cielo azul zafiro. No me hacía falta estar al nivel de las nubes para estar cerca del cielo; sólo necesitaba cerrar los ojos. Dada la aventura milagrosa en la que estaba, ¿qué podría suceder a continuación?

III. La noche y el amanecer del eclipse

La llegada de las sombras

La gema no puede ser pulida sin fricción, ni el hombre perfeccionado sin pruebas.

—*Proverbio chino*

En aquel momento no lo sabía, pero los siguientes kilómetros turbulentos de mi expedición espiritual habían sido predichos por el Maestro en aquellas siete palabras que me dijo al anochecer, "Mantén la luz, aún en la oscuridad". Estoy agradecida de no haber entendido esas palabras en aquel entonces ni haber conectado ese mensaje con un hecho real. Pero la guía que me dio fue la boya que me mantuvo a flote a través de ese abismo cavernoso en el cual pronto me vería obligada a navegar.

De haber sabido lo que venía, ese conocimiento previo en verdad habría descarrilado mi firme y disciplinada trayectoria hacia un crecimiento y un desarrollo espiritual continuos. Me habría precipitado fuera de una órbita sin peso, para estrellarme y explotar al aterrizar. El Maestro tenía la sabiduría para darme la información justo en el momento adecuado y sólo de manera que yo pudiera digerirla lentamente.

Existen abundantes historias antiguas acerca de las adversidades y las aflicciones de la humanidad, así como de la profunda sabiduría y comprensión que suele surgir de esa aflicción. Aunque la mía, es una historia contemporánea, es una saga que refleja un viaje antiguo desde la oscuridad hacia la luz.

Hacía seis meses desde que conocí a Shyam, y mi vida no podía haber estado más equilibrada. Permanecimos en contacto cercano y él continuó guiándome y apadrinándome magistralmente en todas las disciplinas esotéricas concebibles. No volví a sentirme a la deriva en el mar ni busqué refugio en rincones oscuros para estar sola con mi "vida secreta".

Se asomaron mundos de oportunidades, tanto en lo profesional como en lo personal e increíblemente, de repente se abrieron puertas doradas para mi exploración. Estaba trabajando duro y viajando extensamente. Por fin, las repercusiones positivas de todo lo que había ocurrido estaban comenzando a moldear y a transformar mi personalidad obstinada y díscola en un ser humano más compasivo, cooperativo y perdonador. Estaba más abierta a la energía creativa que mora dentro de mí y había comenzado a explorar nuevos pasatiempos artísticos y diferentes intereses.

Nunca en todos mis cuarenta años había experimentado largos períodos de paz mental. Ahora, la tranquilidad y el equilibrio interior me parecían una forma natural y normal de ser. La impaciencia y angustia habituales y superficiales habían desaparecido. Y más importante aún, mi vida cotidiana, independientemente de dónde estuviera o lo que hiciera, estaba enfocada en lo espiritual.

Parecía que yo había desarrollado una conciencia binaria, una sensación de que mi conciencia estaba enfocada en el mundo físico y en el reino espiritual simultáneamente. Esta nueva actitud y la capacidad de concentración, continuamente le produjeron un significado sagrado aún a las actividades más mundanas. Incluso una tarea sencilla como comprar los víveres o conducir, se volvieron fuentes de gran felicidad porque veía al espíritu dentro de la gente y la naturaleza.

Las lecciones que había aprendido junto al mar me permitieron sentir que toda la humanidad estaba emparentada. Así, comencé a hablarle a los "extraños" en todos los lugares a los cuales iba. La gente siempre me respondía afectivamente, feliz de tener un contacto breve con alguien sonriente. Estos encuentros ocasionales, usualmente me hicieron sentir llena hasta rebosar y abundante de prosperidad. Estaba disfrutando cabalmente de un reciente sentido de comunidad y conexión. El mundo ahora era un lugar amigable, lleno de esperanza, sueños y posibilidades. Me sentí invencible e infinitamente bendecida.

Sin embargo, la Mente Universal y mi propio destino individual (o "karma" como lo llaman en la India) tenían una lección profunda y potente esperándome. La tan elusiva serenidad que finalmente había cultivado no iba a durarme mucho. No me estaba destinada una vida normal durante siete años largos, desgraciados y agónicos.

Fue en esa época cuando una especie de gripe virulenta me mantuvo en cama durante unos días. Desde luego, no pensé nada respecto a este suceso normal. Pasé el tiempo leyendo y viendo vídeos, esperando a que este "virus" saliera, para así poder regresar a mi programa de trabajo muy turbulento y un tanto exigente. Estaba contrariada por la intromisión de la enfermedad y calculaba ansiosa el número de días que transcurrirían antes de poder reasumir mis clases de baile y mi régimen de ejercicios en el gimnasio.

Al paso de los días, la enfermedad que me había atrapado extrañamente no mejoró, sino que empeoró. Parecía que el virus había llegado a puerto, anclado y desembarcado. Me debilité cada vez más al paso de los días y pronto, difícilmente podía caminar sin ayuda. Cuando me esforcé para levantarme, mi paso estaba glacial y pesado, como de tortuga.

Debido a que no podía comer, rápidamente perdí el peso de un cuerpo que una vez había estado saludable y en forma. A través de la pálida piel se asomó una apariencia vacía, parecida a la de una víctima del holocausto. No reconocía a aquel rostro extraño en el espejo del baño. Me sentía y me miraba como si fuese a morir. Para colmo de males, un dolor severo y tenaz se le unió a otra compañía indeseable: la fatiga. Cada día era una pesadilla viviente.

En cuestión de meses, había estado en manos de especialistas de todos los campos concebibles de la medicina: neurología, reumatología, endocrinología y muchos otros, cuyos nombres ni siquiera puedo pronunciar. Uno tras otro, se frotaron la barbilla en ese clásico gesto enloquecedor y confesaron que en realidad, éste era un problema médico muy difícil y desconcertante. Lo que ellos encontraban tan "médicamente fascinante" estaba destrozando mi vida, dejándola hecha pedacitos.

La misma escena se desarrolló en el consultorio de todos los doctores más connotados. Una encogida de hombros, recetas de medicamentos tóxicos escritas arbitrariamente para tratar una dolencia no identificada y una prognosis sin curación. Me dijeron que había desarrollado un "desorden inmunológico atípico de etiología desconocida" y que era absolutamente incurable. Los doctores me estaban dando una condena de muerte, sin derecho a fianza. Parecía que mi apelación era aún más inútil, y la angustia —tanto física como emocional— se tornó cada vez más penosa y tenaz.

No había respuestas ni ayuda alguna que llegara por intermedio de la medicina tradicional, ningún caballero con su brillante armadura que galopara a mi rescate. Estaba sola, apaleada y maltrecha por esta plaga que se había cosido maliciosamente a la médula de mi ser. Jamás en mi vida me había sentido tan sola, a pesar de todo el apoyo de mi familia y amigos. Por razones desconocidas, ahora era una inválida inocua, una costra enfermiza y debilitada de mi personalidad anterior. Si una vez estuve llena de gracia y visión divinas, ¿por qué ahora había sido sumergida en esta gruta oscura? Justo cuando mi vida estaba en su cúspide, rebosante de significado y propósito, me había derrumbado de cabeza en esta fosa abismal. Las bendiciones que había recibido en mi pasado reciente, era algo que yo jamás había buscado conscientemente, tampoco había buscado esto.

Le rogaba al Maestro que me ayudara, que me hablara. Sólo había un silencio sepulcral, un vacío silencioso, y un sentimiento doloroso de total desunión con todo.

Al pasar los meses, me volví más frágil y enervada por el estilo de vida sedentario y casi vegetativo. Una fragilidad como de pajarito ahora agraciaba mi delgada figura. Me esforzaba inútilmente para realizar cualquier acto físico común, era como verter agua a través de un cedazo. No tenía el ánimo ni la fuerza para estar de pie mucho tiempo y usualmente estaba demasiado débil, incluso para hablar, desanimando así a la mayoría de las visitas sociales. El acto sencillo de tomar una ducha, normalmente me dejaba sin energía todo el día.

El dolor que corroía mis músculos y articulaciones, con frecuencia me dejaba en una agonía de retorcimiento que me hacía imposible concentrarme lo suficiente incluso para leer. Unos síntomas neurológicos extraños afectaron mi memoria y mi concentración. Era algo común que me esforzara afanosamente por levantarme de la cama para hacer algo, sólo para olvidar la tarea cuando ya estaba en pie. Me dejaba caer en la cama en una frustración muda y letárgica. Frecuentemente, de mis ojos abatidos manaron unas lagrimas redondas, que se transformaban en gotas pálidas y vidriosas sobre mis mejillas.

Cuando pasaron más meses sin cambios en mi condición, la carga opresiva sobre mi familia se me tornó demoledora. Tomé la decisión de contratar una enfermera de tiempo completo, para darles la tan necesaria emancipación y descanso de mis males y desolación. Pero era yo quien realmente necesitaba la muerte o la liberación de mis tinieblas y tormentos. Oré incesantemente.

 Soltando

Mientras sufría este mal catastrófico y oscuro, me vi forzada a tomar una dolorosa decisión y abandonar el consultorio privado que una vez floreciera. Renuncié a un profesorado en la facultad en la escuela de medicina de la universidad y a mis membresías en el gimnasio y en el estudio de danza. Mi salud se había deteriorado y no parecía mejorar. Mis pensamientos se desplomaban en lugares ásperos y peligrosos. Una oscuridad siniestra me encerró. Sus paredes eran tan gruesas que eran impenetrables. Una de las ironías cósmicas a la que ahora puedo mirar con cierto humor es que previo a esta aflicción, había fundado y desarrollado un gran centro de bienestar para el tratamiento de enfermedades crónicas y catastróficas. La filosofía de este centro estaba basada en los conceptos de la autocuración y la esperanza. Me esforcé desesperadamente por dominar ambos conceptos.

Los años de entrenamiento con Bernie Seigel y otros médicos famosos en dicho campo me habían ayudado a ganarme la reputación de "experta" en la psico-neuro-inmunología, el estudio de la medicina mente-cuerpo. Los pacientes habían viajado desde todos los Estados Unidos y el Caribe en busca de mi consejo. El consultorio había estado en la cúspide de la productividad y el éxito, cuando mi vida se hizo pedazos, y eventualmente lo tuve que cerrar. Ahora tenía la oportunidad de practicar lo que había venido predicando. La ironía era perfecta.

Todo aquello por lo que había trabajado tan arduamente se había derrumbado firme y metódicamente. El proceso me hizo recordar un ejercicio enseñado por los monjes Zen hace siglos como parte de su enseñanza espiritual. Se les pedía que construyeran una casa desde sus bases, piedra por piedra, con una ardua labor manual, sólo para desmantelarla después de finalizada, piedra por piedra, en una contemplación y silencio absolutos. Este ejercicio pretendía que practicaran el arte del no-apego al mundo físico.

Un ejercicio similar practicado por los monjes budistas modernos, involucra la creación de enormes "mandalas", o ruedas de la vida, a través del arte de pintar con arena. Estas imágenes a veces requieren de cientos de horas de ardua labor hasta finalizarlas, para ser destruidas ceremoniosamente en un instante.

No comprendí cuán apegada estaba a estas cosas que estaba perdiendo y cómo representaban un sentido de identidad para mí. Al no tener otra alternativa, pronto me volví experta en condescender, rendirme, soltar, liberar y renunciar. Literalmente, todo en mi vida fue destruido. Nada quedó intacto.

Mientras languidecía en mi cama, mi mantra o canto interno era "Ríndete a Dios". ¿Qué más podía hacer? Visualizaba las señales amarillo oro en todas las carreteras del país y luego traté de imaginar cómo reaccionaría la gente al acercarse a una intersección y leer este mensaje. Como podrán ver, tenía suficiente tiempo para que mi imaginación volara campante. Pero el resultado fue el desarrollo de un mundo interno esforzado, exótico y caprichoso.

En menos de seis meses después de la llegada de este enemigo extraño, mis finanzas estaban agotadas; mi consultorio, cerrado; mi salud, destruida. Mis amigos, que inicialmente me apoyaron tanto, comenzaron a retomar sus vidas, y sólo me visitaban ocasionalmente. Mi familia y mis amigos realmente querían hacer algo para ayudarme, pero la verdad era que yo estaba inconsolable. Nada servía. Yo no encontraba solaz en nada que ninguno hiciera o dijera. La oscuridad era tan negra como un eclipse.

Durante dos años más, me vi forzada a llevar una vida monástica. Rodeada de cuatro paredes, aislada del mundo exterior y físicamente incapaz de hacer cualquier cosa, sólo podía yacer inclinada, meditar y orar. El único lugar para ir era hacia dentro. Lo único que podía hacer era pensar. Penetré más y más hacia regiones remotas de mi ser. Toda mi atención estaba completamente centrada en Dios. Todo lo demás me había sido arrebatado, y eso era todo lo que me quedaba. De algún modo, no era suficiente. Me revolcaba en la autocompasión y con frecuencia lidiaba con la desesperación.

Años atrás, mientras estaba en una librería en New York, me sentía atraída por un libro viejo e ilustrado a todo color, sobre la historia bíblica de Job. No tenía idea por qué me sentía tan atraída por ese libro o por qué lo había comprado ese día. Había permanecido en un estante durante años, sin haber sido leído. Éste fue sólo otro ejemplo de la guía y sincronismo divinos, aunque en ese momento no me daba cuenta de ello. Después de varios meses de enfermedad, me asaltaban los pensamientos acerca de este libro. Lo bajé de su empolvado sitial en la biblioteca, y comencé a leerlo.

Narraba la historia de un judío "perfecto y correcto" que vivió en Judea entre el 500 y el 400 AC. En un lenguaje poético y pintoresco, el libro contaba como Satán apostó con Dios de que la piedad y la fe de Job no tolerarían un desastre o un dolor extremo. Dios aceptó la apuesta, y Job sufrió la pérdida de su riqueza, su esposa, sus hijos y la salud. Él comenzó a preocuparse tanto por las causas de su propio sufrimiento, así como por la explicación de lo lamentable de la vida humana. "¿Por qué la gente buena sufre tantas aflicciones en la vida?", se lamentaba.

Los amigos de Job buscaban el motivo de sus sufrimientos en Job mismo, pero él buscaba el motivo en el carácter de la vida humana y en Dios. Los amigos de Job no estaban dispuestos a aceptar que sus aflicciones eran completamente inmerecidas. Ellos argumentaban que sus sufrimientos se debían bien a un castigo por una natural imperfección humana en él al igual que en toda la humanidad o a una medida disciplinaria diseñada por Dios para Job a fin de perfeccionarle y profundizar su naturaleza.

Job le refutó a sus amigos, insistiendo que no habían logrado probar que él merecía el dolor. "¿Por qué es que el malvado progresa?" Continuaba lamentándose. "¿Por qué es que la deshonestidad y la crueldad parecen triunfar en el mundo?" Job se negaba a creer los argumentos de sus amigos, los cuales decían que él había sido castigado. Creía firmemente en que no existía una correlación exacta entre la conducta de una persona y su destino.

Su necesidad más grande era tener fe, y eso fue lo que alcanzó. A lo largo de todo el Juicio de Dios y todos sus cuestionamientos y agonía, se aferró a sus valiosos recuerdos de los tiempos cuando había caminado en la luz a través de la oscuridad de la vida y cuando la visita de Dios había elevado y preservado su propio espíritu. Él reconstruyó su fe a base de esta convicción, una fe fundamentada más en la visión que en la vista, y dejó de buscar las respuestas a las preguntas tristes sobre la existencia terrena.

Como recompensa de su invariable fe, Dios le dio a Job el doble de lo que antes había tenido. Fue bendecido con una vida larga, y a partir de entonces vivió feliz.

Durante mi Juicio personal, hubo muchas ocasiones en que caí de rodillas y lloré. Me sentí crucificada, y lamenté que Dios me hubiera olvidado. Durante esta "noche oscura del alma", me aferré fuertemente a mi fe, y traté de comprender el significado y el propósito de esta prueba de fuego. Me recordé a mí misma una y otra vez acerca de las experiencias que acababa de tener y el consejo que me habían dado, "Mantén la luz, aún en la oscuridad". Estas palabras proféticas y este pensamiento me dieron la fortaleza necesaria para sobrellevarme.

La historia de Job resulta verdadera aún después de dos mil quinientos años. Esa es la belleza de estas historias eternas que fueron diseñadas para enseñar, inspirar y guiar. Todos intentamos entender los sufrimientos y las tragedias que se nos presentan. Trabajamos para enfrentar y entender las adversidades. Cuando estamos amenazados por el infortunio, la mayoría de nosotros acude a algún ser superior intangible o a algún ser querido para que nos salvaguarde.

Hacía años había visto cómo inclusive los ateos más recalcitrantes se convertían repentinamente en sumamente religiosos cuando se vieron confrontados con un diagnóstico de enfermedad terminal. Cuando nos sentimos atrapados, encajonados, rodeados completamente y sin salida, terminamos mirando hacia arriba.

Aquí estaba yo, espectadora en primera fila de la aniquilación de la vida que había conocido. Me hacía las mismas preguntas que se hizo Job, y ellas levantaron una furiosa tormenta de incertidumbre, disensión y una inapagable sed de respuestas. Sus oraciones también fueron las mías. ¿En realidad algo había cambiado?

Me comparé con un caldero de lentejas cocinándose en un fuego divino, suavizándose y vitalizando el picante sabor de mi esencia, amplificada por el calor cáustico y abrasante de la enfermedad. A veces somos perfeccionados en el horno de la aflicción.

Continué el peregrinaje hacia el centro de mi ser porque no tenía adónde más acudir. Incapaz de hacer nada más que estar acostada en la cama, meditando y orando, repetidamente meditaba sobre las primeras palabras del Maestro, "Mantén la luz, aún en la oscuridad". Ahora sí tenían sentido. Aunque había descendido al lugar más negro que pudiera imaginar, traté de concentrarme en la luz de mi propia alma y no en el dolor que trituraba mi forma física.

De hecho, todavía me encontraba en ruta a casa, pero no me daba cuenta de ello. Habría de ser un viaje largo y doloroso, un ascenso de regreso empinado y rocoso. Pero yo estaba en esa búsqueda. Mi esfuerzo y mi fortaleza surgieron de esa misma fuente. Pronto habría de aprender acerca de los regalos que se pueden hallar en el sufrimiento y que la verdadera curación es volver a casa.

Los regalos del sufrimiento

*Me ha hecho bien el ser quemado un poco por
el calor y empapado por la lluvia de la vida.*
—Longfellow

Las noches y los días que marcaban el paso del tiempo se confundieron en lo que me pareció un malestar prolongado, monótono y estéril. Esta intromisión mal venida en realidad no era una moratoria en mi vida, sino una manera de expresarse la vida. Su contenido místico es lo que lo hace fenomenal.

Pasé casi veintiséis meses encerrada en casa antes de comenzar a ver una mejoría gradual de salud. La enfermedad había cobrado una cuota dramática. Aún me veía y me sentía como una fotografía que se había sobreexpuesto al sol, desvanecida más allá del reconocimiento. Sintiéndome en bancarrota a todo nivel —físico, emocional, económico y espiritual— mi habilidad para superarme estaba demasiado endeble. Aún así, de algún modo, logré comenzar a emerger lentamente del ambiente mordaz de mi lecho de enferma, y retomé tareas cotidianas normales a pesar de la fatiga y del dolor continuos.

Comenzaron los pasos lentos hacia la recuperación, y la vida estaba regresando a mi cuerpo achacado y frágil. Conforme progresaba el proceso de la recuperación, me embarqué en otra renovación. Parecía como si estuviera comenzando perpetuamente un nuevo ciclo simbólico de muerte y renacimiento. Estaba ocurriendo una resurrección, e igual que el Fénix se levanta de sus cenizas, yo extendía mis alas rotas y comenzaba a alzar vuelo. Estaba increíblemente agradecida por las cosas más sencillas—poder caminar, sentir los rayos del sol, contemplar el océano. Mi vida había estado desprovista de estas actividades triviales por demasiado tiempo. Estos sencillos placeres significaban mucho para mí. Cuando comencé a recuperar algo de normalidad, me encontré profundamente comprometida con la gratitud en todo momento. Disfrutaba como nunca antes por el privilegio de estar viva y participar de las ofrendas sagradas de la vida.

Una cosa que realmente importa en la vida es el cambio. Una vez más, la vida que yo había conocido se había hecho extinta, y me enfrentaba a la reconstrucción, redefinición y rehabilitación de mi ser. Esta vez, todas las estructuras externas también debían ser reconstruidas. Antes de enfermarme, me había visto como un árbol fuerte y majestuoso, siempre próspero bajo los rayos del sol, produciendo y extendiendo sus ramas en busca del espacio abierto, generando hojas nuevas, tiernas y brillantes que remplazaban las viejas, fortaleciendo su corteza a medida que envejecía, y desarrollando un carácter distintivo al soportar durante años las inclemencias del clima. El árbol florecía y fructificaba espontáneamente porque esa era su función.

Sin embargo, durante los últimos siete años, este árbol había sido talado con una sierra divina, y sólo quedaba un tronco medio vivo, esforzándose por volver a crecer aún más fuerte y perdurable. La poda había sido traumática, pero ahora veía unos retoños verdes que una vez más brotaban y unas raíces fuertes y poderosas que llegaban a las entrañas de la tierra para alimentarse.

La enfermedad había servido como purificador, un antiséptico que erradicó y eliminó todos los obstáculos que impedían a la Divinidad fluir a través de mi alma. Estos obstáculos son aquellas barreras existentes en nuestra personalidad que impiden el desarrollo del ser espiritual. El carácter no se puede desarrollar con la sola esperanza de que así sea. Requiere ser cultivado en forma sistemática a través de un proceso educativo a largo plazo, y ese proceso debe ser exclusivamente autodefinido, no dictado por otros.

Nuestros defectos humanos tales como el egocentrismo, la envidia y la impaciencia no permiten la más elevada expresión del espíritu. La falta de autocontrol y disciplina permite que nuestra naturaleza más baja (los instintos más primitivos) se descontrole y hale el espíritu hacia abajo en vez de permitirle subir hacia la luz. Para mucha gente, incluyéndome a mí, llega un momento en el que nuestra propia luz divina interior puede asaltar al cuerpo con una fuerza brutal para fortalecerlo, subyugarlo y renovarlo. Sentimos dolor y agonía cuando se nos remueven los patrones habituales, las rutinas y los apegos que nos impiden la total expresión de nuestro espíritu y la unión con nuestra Fuente.

Desde mi primera caminata con la Mente Universal, había estado sacando constantemente las capas de acondicionadores estancadores, capas de aislamientos que impedían que la luz entrara o irradiara en mi interior. Para bien o para mal, la Mente Universal se interesa primordialmente en la evolución de nuestra alma y la unión de todos nosotros, no necesariamente con lo que deseamos o nos es cómodo. En la letra de una de sus canciones, los *Rolling Stones* nos invitan a una introspección cósmica, "No puedes obtener lo que quieres, pero sí lo que necesitas". En realidad yo no estaba complacida con mis circunstancias, pero con fe absoluta en la benevolencia de la Mente Universal, comprendí profundamente que todo lo que sucede siempre es con el propósito más elevado.

Comencé a experimentar una fusión y una expansión que me condujeron a una creciente identificación con el sufrimiento de la humanidad. Yo no estaba exenta de la tragedia y el dolor como había creído tan cándidamente. Se suponía que mi papel era el de doctora y cuidadora, no el de paciente. Sin embargo, la calamidad había llegado a mi vida, y era de lo más humillante.

Si no estás sufriendo con tus hermanos por todo el mundo, los cuales están en medio de la lucha y la agitación, te estás perdiendo de una de las mayores agencias reveladoras de todos los tiempos.
—El Tibetano en el libro de Alice Bailey, Sirviendo a la Humanidad.

Ahora me tocaba a mí preguntar las antiquísimas preguntas: ¿Por qué estoy sufriendo yo? y ¿Por qué existe el sufrimiento? Y las respuestas comenzaron a presentarse claramente, al menos para mí. Se me ocurrió que mi enfermedad, en esencia, era un programa de entrenamiento con un currículo diseñado para mí experta y excepcionalmente por mi alma y Fuente. El propósito de esta enseñanza era promover la construcción de nuevas estructuras internas con el fin de erigir un lugar dentro de mí en el cual la Mente Universal pudiera residir cómodamente. No hay espacio para la expansión total del espíritu si la mente y el corazón están llenos de desorden. Las edificaciones viejas deben ser desmanteladas y eliminadas porque son monumentos a nuestro ser desesperado, ese ser al que se le ha olvidado que es parte del cuerpo físico de Dios.

Cuando enfrentamos la adversidad en la vida, tenemos ante nosotros varias alternativas. Podemos escoger asumir el papel de víctima, el cual sólo nos permite la impotencia, la autocompasión y generalmente poco o ningún crecimiento. O bien podemos escoger percibir que toda adversidad y aflicción son guías divinas y un entrenamiento que sirve para filtrar la potencialidad para cambiar y evolucionar. La última meta es gozar de una armonía más cercana con nuestro verdadero Ser y desarrollarnos como seres humanos más amorosos.

Una vez que las aflicciones no son más que iluminaciones, uno puede montar en paz sobre las olas del nacimiento y la muerte. Uno puede viajar en el bote de la compasión a través del océano de la ilusión con la sonrisa de no tener miedo.
—Thich Nhat Hanh

Definitivamente, yo había estado macerándome en una olla divina, y en ocasiones, el calor fue abrasador.

Las pruebas de la vida, que todos debemos soportar, se pueden tolerar estoicamente, o nos pueden arrastrar, pataleando y llorando, mientras duren. Alternativamente, se pueden usar como grano para el molino de nuestro ser espiritual y de la evolución de nuestra alma. La realidad es que al final nadie pasa por esta vida sin lastimarse, así que es mejor que cosechemos cuanto beneficio podamos de las dificultades.

Aunque el sufrimiento es agotador y causa que nuestro ego y personalidad se pongan extremadamente infelices, las bendiciones y ganancias para la evolución del alma son inmensas. Es importante que permanezcamos enfocados en el propósito transcendental. El sufrimiento y la adversidad no existen porque sí no más y no carecen de sentido. Ellos existen misteriosamente para enseñarnos a escuchar nuestra inspiración y voz interiores. Nuestros dolores y anhelos son regalos internos que están destinados a ser usados como un giroscopio interno, una herramienta para guiarnos.

Al igual que los nervios en la piel sirven de monitores para mantenernos lejos de los objetos calientes o agudos, nosotros poseemos un piloto interno que siempre nos está conduciendo por la dirección correcta. Este navegador está ahí para orientarnos, cartografiar la ruta y escoltarnos hacia una vida que esté embellecida y adornada con la Divinidad. Así que la gran pregunta que me hacía era: "¿Cómo encuentro mi propio mapa?"

En mi caso, considero que los problemas me angustiaban demasiado. Debido a la enfermedad, había cuatro áreas que me eran particularmente difíciles de soportar. Ellas eran el aislamiento social, la incapacidad de hacer ejercicios para estar en forma, la imposibilidad de trabajar con la consecuente crisis financiera y soportar el dolor físico y la fatiga de la enfermedad misma. ¡Ese era mi mapa!

El mapa estaba codificado en el problema mismo. Debía transmutar estos "problemas" en sabiduría, estos dilemas en conocimiento. Este era el mapa que se me había dado con el fin de fortalecerme espiritualmente. Esta tarea era una proeza tan escolástica y ardua que los esfuerzos que había hecho durante el doctorado parecían ya un juego para los niños.

El recubrimiento de plata

Primero, quería llegar a comprender los beneficios que podría obtener del aislamiento social. El aislamiento es una práctica antigua en todas las religiones. Bien sea un asceta hindú, que se sienta en una cueva en los Himalayas, o una monja católica que se encierra en un convento, o un monje budista que se aísla en un monasterio en la cima de una montaña, o Henry David Thoreau, quien se sienta en los bosques, todos se están aislando de la estimulación de la vida diaria y de las agitaciones del mundo. Este retiro permite que los buscadores vivan en relativa calma, sin distracciones, y puedan dedicar tiempo a la contemplación profunda. La eliminación de las distracciones foráneas promueve el conocimiento profundo de uno mismo y por ende, de la Fuente de nuestro ser. En otras palabras, debemos estar solos para descubrir que no estamos solos. No podemos lograr nuestro máximo potencial o auto-actualizarnos sin al menos revisar nuestras vidas en soledad.

No es que esté propugnando por una vida de soledad. Las relaciones interpersonales son esenciales. Estar a solas excesivamente contradice uno de los propósitos fundamentales de la vida como es aprender acerca de las saludables y amorosas relaciones humanas. Sin embargo, debido a circunstancias que escapaban de mi control y a fuerzas que obraban más allá de mi comprensión, estaba llevando una vida monástica. Eso era lo que tenía asignado para ese momento de mi vida. Mi opción era qué tanto recorrido podía evadir de esta situación. Pronto descubrí que en la soledad se había creado un terreno fértil para que mi alma floreciera. Fue en la soledad que me develé y expuse como realmente SOY, no como quería ser o que me vieran. Mi mente perpetuamente analítica quedó silenciada. Pude comprender que la verdadera espiritualidad es una expresión del Ser y no una exposición de los logros.

Durante mis años de reclusión, aprendí a permanecer sola y ser completamente autosuficiente, sin sucumbir a la adecuación de las influencias ambientales o a las expectativas de los demás. La única aprobación que necesitaba era la celestial. La tendencia desmedida a complacer a los demás a expensas de la integridad personal a menudo radica en el temor a estar solos. A veces decimos "Sí" cuando realmente queremos decir "No" porque le tememos mucho al aislamiento social.

¿Por qué le tememos tanto al estar callados, hacer introspección y contactar esas profundidades interiores que mejoran tanto nuestras vidas? Sólo cuando estemos dispuestos a penetrar el recubrimiento superficial y a sumergirnos en una exploración del mundo interior podremos tener acceso a la conciencia mística, la naturaleza del alma o nuestro verdadero Ser, lo cual siempre hemos sabido hasta cierto punto.

Un hombre sabio nunca está más acompañado
que cuando está solo.
—Jonathan Swift

Durante este tiempo también aprendí que el aislamiento y la falta de compañía no son lo mismo que soledad. El perturbador e indeseable sentimiento de la soledad no radica necesariamente en el hecho de estar solos o de no tener contacto con los demás. Primero y principalmente, nace de la falta de conexión con nosotros mismos y en esencia, la falta de conexión con nuestra Fuente. Verán, la realidad es que en realidad nunca estamos solos. Nuestros Maestros siempre están con nosotros, guiándonos, inspirándonos y enseñándonos. Nunca estamos solos porque somos parte de la familia humana. Nunca estamos solos porque estamos unidos a todas las entidades vivientes. Esta comprensión fue el regalo del aislamiento social. Al fin y al cabo, pude entender lo que es el aislamiento, y más importante, aprender de él, creer en él y vivir plenamente con él.

El segundo problema que había identificado como componente de mi mapa espiritual era la incapacidad de hacer ejercicio para mantenerme en forma. Mantenerme en buena condición física había sido una meta muy importante en mi vida, y había dedicado tiempo todos los días para estar en óptimas condiciones.

Debido a la enfermedad, mis músculos se habían debilitado y atrofiado. Ya no podía asistir a las clases de baile, trotar, levantar pesas, bucear, esquiar o participar en todos los deportes que tanto amaba. ¿Dónde estaba el regalo en esto? Originalmente, se sentía como si fuera revocación o pérdida. Además de los problemas obvios de la vanidad, inconscientemente y a niveles más profundos, estaba enfrentando el miedo a la muerte. Mientras estamos saludables, podemos mantener la noción falsa de que es posible escaparnos de ese suceso aterrador y creer que la muerte no está potencialmente a la vuelta de la esquina para todos nosotros.

Cada problema presentaba un nivel diferente de dificultad con respecto a la transmutación desde una perspectiva más baja hacia una más alta. Éste en particular me atormentó durante mucho tiempo. Había visto y escuchado la frase "No soy cuerpo, sino espíritu" en la literatura y en las charlas, pero era un concepto intelectual, una verdad con la que estaba de acuerdo, aunque tenía poco valor práctico para mí.

El cuerpo mío ya no era un vehículo muy útil, o al menos eso pensaba yo. Hube de preguntarme: "¿Útil para qué?". Es verdad que ya no era operativo para las actividades que acabo de mencionar, pero estaba en perfecta forma para las lecciones que debía aprender y para otras actividades que debía realizar, tales como el investigar y escribir.

Aunque había caminado con la Mente Universal y experimentado el contacto con el alma, aún no había aprendido a vivir en una forma que negara los defectos y las limitaciones del cuerpo físico. Así que en vez de eludir el tema de la muerte, abordé el tema directamente y lo estudié igual que siempre había estudiado todo lo que me era misterioso, inexplicable e intrigante. La analicé y la contemplé hasta que logré una comprensión elevada y llegué a una conclusión satisfactoria.

No me parecía lógico que un suceso tan universal de la vida como es la muerte —uno que todo ser vivo debe experimentar— fuera tan nebuloso y temido. Debía tener algún propósito. De algún modo debía figurar dentro del esquema maravilloso del universo. A través de un período de investigación profunda y con la ayuda del Maestro, comencé a entender que la muerte es sólo una breve pausa en un proceso constante de la acumulación de experiencias en los ciclos evolutivos de nuestras almas. Llegué a comprender que el trascender de un estado de conciencia a otro es una aventura. Dicho sencillamente, la muerte es sólo un cambio. Es una permuta corta pero sensacional hacia una forma más sutil y refinada, hacia un mundo no restringido y expansivo.

El Maestro me había explicado que la muerte es el proceso creativo de avanzar, cambiar de energía o sufrir metamorfosis, al igual que una oruga se convierte en mariposa.

A pesar de esta transición, seguimos siendo los mismos seres, nuestros verdaderos Seres. No se pierde la individualidad. Me aseguró que cuando nos encontramos al otro lado, viviendo en esa dimensión paralela, volvemos a encontrar a aquellas personas que han sido muy importantes para nosotros, tanto en la última vida como a lo largo de muchas vidas. Nuestras relaciones son imperecederas y eternas. Así que si se divorcian de su pareja y creen que la relación se ha terminado, ¡hay que pensarlo dos veces!

De igual manera me explicó el Maestro que debido a que nuestro cerebro físico ya no impide la conciencia ni crea la falsa barrera de la separación, somos capaces de estar plenamente conscientes de aquellas personas que aún viven en el plano físico. Tenemos la habilidad de percibirlas y sentir sus emociones y pensamientos a voluntad. En cierto modo, ese conocimiento era muy reconfortante.

También me sentí un poco sorprendida cuando aprendí que la muerte llega debido a la insistencia del alma. Ni la personalidad ni el medio ambiente se encarga de esa decisión; la toma el alma, aun cuando nuestro ego pueda protestar. Es una decisión que se basa en lo que es óptimo para nuestra evolución. Si vemos la muerte desde el punto de vista del alma, no existe tal cosa, sólo el cambio y la transición.

La gente no relaciona la muerte con el sueño. Después de todo, la muerte tan sólo es un intervalo más largo en la vida del funcionamiento del plano físico; uno se ha "ido al extranjero" por un período más largo.
—Djwal Khul

El tercer problema al que me enfrentaba era la imposibilidad de trabajar y la consecuente crisis financiera. ¿Algún bien pudiera venir de este horrendo problema? Muy a menudo nos definimos por lo que hacemos en vez de por quiénes somos. Tendemos a amasar logros externos para apoyar la débil autoestima en vez de definirnos a través de nuestra personalidad y nuestro desarrollo espiritual. Sin embargo, los hombres y mujeres que se han destacado a lo largo de la historia son venerados no tanto por lo que hicieron, sino por lo que tenían en su corazón. Mahatma Ghandi, San Francisco de Asís, el Buda y la Madre Teresa son ejemplos de gente santa cuya influencia continúa haciendo mella debido a sus cualidades internas distintivas, las cuales se manifestaron a través de sus acciones y labores.

Dentro de mi programa de entrenamiento debía incorporar la eliminación de la derivación de mi identidad a partir de mi profesión. Tenía que alejarme del papel de doctora y una vez más recorrer la misma senda hacia el interior que tanto me llamaba. Como nos cuenta el antiguo adagio "Todos los caminos conducen a Roma", todos los problemas en la vida son solucionados internamente. Parecía que parte de mi aprendizaje servía para ayudarme a comprender que cualquier senda que recorriera me conduciría de regreso a mí misma.

Consecuentemente, comencé a concentrarme en los logros internos en vez de en las hazañas y los logros externos. ¿Qué debilidades de carácter tenía y cuáles podía vencer? Para comenzar, ataqué la arrogancia, los prejuicios y la intolerancia. Batallé contra ellos como un caballero habría eliminado a un dragón, buscando reemplazarlos con la humildad, la gentileza y el perdón.

Dado que no podía trabajar, tenía suficiente tiempo de ocio y muchas horas disponibles, algunas de las cuales las pasé constructivamente en el ejercicio formal de la meditación. La meditación armoniza creativamente nuestros instintos con el intelecto y la intuición y nos permite experimentar una unión consciente con nuestra Fuente. Es un modo potente y eficaz de transportarnos hacia niveles de conciencia más altos. Básicamente, a través de la meditación desarrollamos la sensibilidad para contactarnos con nuestros Maestros, quienes muy seguramente están ahí. La meditación también estimula cambios profundos en el sistema nervioso central. Es de conocimiento general que puede bajar la presión sanguínea y aliviar los dolores de cabeza y los problemas gastrointestinales. También ayuda a crear un estado de equilibrio interior y permite que nuestra mente controle y canalice nuestras reacciones emocionales. Después de cierto tiempo, la práctica de la meditación puede ayudarnos a desarrollar un mayor control sobre la naturaleza inferior, esa parte de nosotros que nos causa la mayor cantidad de problemas.

En cuestión de meses de práctica continua y disciplinada, descubrí que los efectos de la meditación duraban todo el día y mantenía cierta calma y firmeza aún en los sucesos más estresantes. La meditación parecía apurar la retención de niveles más altos de conciencia y la estabilización de las emociones no deseadas.

Pero, ¿cómo podía ser la ruina económica una bendición disfrazada? Aprendí a simplificar mi vida al retraerme de los infinitos y siempre incrementados deseos de los lujos materiales. En realidad, no me hacían falta tantas cosas; simplemente las deseaba. Así que empecé a transmutar los deseos de tener afluencia en un sincero deseo por una expresión más seria del alma. Trabajé para que las aspiraciones y los deseos materiales se fueran elevando y transformando en oraciones.

En un esfuerzo por arrancarme el deseo de tener mayor movilidad, me propuse obtener placer de la belleza sencilla de la naturaleza, de mis actos casuales de gentileza hacia los demás y viceversa, del disfrute de la compañía y la gratitud por todo lo que tenía. Como resultado de mis trabajos mentales, mi copa se volvió medio llena, no medio vacía. ¡Realmente es cierto que las mejores cosas de la vida son gratis!

El cuarto gran reto presentado por mi enfermedad era el de aprender a considerar al severo dolor físico y la fatiga debilitante como oportunidades para el crecimiento. Cada problema parecía presentar un grado mayor de dificultad para superarlo, pero éste casi me venció porque el dolor que me atormentaba no se podía evadir ni siquiera al menos por una hora. El sufrimiento físico era un visitante permanente, y el menos bienvenido de todos. Pero ahí estaba, y permanecía ahí por alguna razón.

De ese tormento sin cesar, aprendí el coraje. Al rehusarme a sucumbir y caer víctima de la enfermedad, desarrollé la determinación, la tenacidad y la firmeza de espíritu, cualidades que me fueron imprescindibles para poder pasar el día sin ser doblegada por el dolor. Estaba decidida no sólo a sobrellevarlo bien, sino también a mejorar y a recuperar mi salud por completo. Debido a este malestar, debido a este sufrimiento, yo había cambiado profundamente. ¿Habría logrado unos cambios tan radicales de no haber estado físicamente tan grave? Francamente, lo dudo mucho. Por supuesto que no es necesario sufrir para hacer un cambio positivo, pero es indiscutible que el sufrimiento es el factor más influyente y motivador para la mayoría de nosotros.

Aunque muchos de nosotros oramos sólo cuando estamos profundamente preocupados y buscamos la guía divina sólo cuando la necesitamos, gradualmente me fui acostumbrando a orar incesantemente —cuando estaba afligida, cuando estaba agradecida y particularmente cuando estaba feliz. El regalo más grande que en esencia recibí a través de todo ese sufrimiento fue una relación más resuelta y firme conmigo misma y con mi Fuente. Llegué a la comprensión profunda de que, sin duda alguna, existe un propósito y un significado en cada suceso sencillo de la vida y especialmente en los acontecimientos que inicialmente podríamos percibir como negativos.

El dolor se ha incorporado en el sistema por la Naturaleza. Es un fuego divino que purifica y limpia todos aquellos aspectos de nosotros que impiden que las fragantes flores que todos somos crezcan, progresen y se desarrollen. Existe una Inteligencia en el universo que está más allá de nuestra compresión, que organiza, crea e influye toda la vida. La vida es para el propósito único de avanzar en la evolución humana y la evolución de todos las entidades vivientes.

La Mente Universal sólo concierne con la madurez y el desarrollo de nuestras almas y en ocasiones sus lecciones son increíblemente duras. En medio de mi adversidad personal, logré desenterrar la serenidad, el disfrute y la razón de ser. Irónicamente, todo el sufrimiento ineludiblemente me ayudó a irradiar mi vida, a iluminar mis cargas y a fortalecer mi personalidad y mis nexos con la humanidad. ¿Podría haber un regalo más grande?

El grial del chamán

*No te voltees. Sigue mirando hacia aquel lugar
vendado. Por allí entrará la luz. Y no pienses
por un momento que tú te estás sanando a ti
mismo.*

—Jelaluddin Rumi

Seis meses después, mi salud había pasado de insoportable a tolerable, pero la enfermedad aún se enrollaba alrededor mío y me oprimía con el abrazo cruel de una serpiente. No dejaría a un lado su fuerte presión de reptil. Había probado en vano toda clase de remedios conocidos y por conocer. Incontables visitas al doctor, nocivos medicamentos sintéticos, la acupuntura, la homeopatía y la medicina herbal china de nada sirvieron para lograr calmar mi mal. A pesar de la inmensa fe que tenía en los tratamientos alternativos, también resultaron incapaces de curarme.

Con el paso del tiempo, aprendí a adaptarme a las limitaciones físicas y a ajustar mi vida para sobrellevarme y tolerar los síntomas. Llegué a un punto de aceptación desapasionado y me las arreglaba muy bien con mi sórdida situación, pero todos los días seguían siendo una lucha intrépida.

Un día, mientras descansaba en la casa, recibí una llamada de unos amigos cercanos que vivían en Maui, Hawai. Planeaban viajar al exterior, y me preguntaron si me interesaba cuidar sus mascotas y la casa mientras ellos estaban de viaje. A pesar de mi debilitada condición, acepté con gusto la propuesta para tener un corto sabático y un cambio en mi ambiente.

Poco tiempo después me encontraba en Maui, conduciendo desde el aeropuerto un vehículo deportivo alquilado con transmisión en las cuatro ruedas. Mientras manejaba por el camino empinado y ondulado, se desató una fuerte tormenta. Apenas veía a través de la cortina de agua. Estoicamente maniobraba el vehículo a lo largo del fangoso camino. Mientras ascendía una enorme colina, pasaba por las márgenes de las fascinantes selvas tropicales verde esmeralda, cubiertas de frondosos y prolíficos helechos, limitadas por escarpados picos en espiral con pilares salpicados de enormes piedras que se sumergían en el océano. Las áreas arboladas tenían sectores de curiosas plantas nativas nunca antes vistas por mí. Ocasionalmente, vislumbraba y respiraba el perfumado aroma de enormes capullos carmesí y azul celeste que se empapaban alegremente en el aguacero.

Cuando llegué a la casa, la tormenta había amainado y caía una pequeña llovizna. Podía ver el paisaje desde el camino. La propiedad estaba completamente aislada, quedaba tan lejos, que el vecino más cercano vivía a unos dos kilómetros de distancia. Me detuve un momento a disfrutar del refrescante aire y la tibia lluvia y a brindar por la magnitud de la vista que tenía ante mis ojos.

La pintoresca casa de madera estaba camuflada por la densa vegetación circundante. Una alegre maraña de flores y árboles frutales envolvía la propiedad. Estaba diseñada en una arquitectura clásica estilo japonés y era protegida precariamente por el costado que daba hacia un farallón rocoso. El risco descendía abruptamente hasta encontrarse con el Pacífico que, en ese día se agitaba violentamente y golpeaba contra las piedras. La naturaleza parecía encolerizada. Era vigorizante y en cierta forma intimidante.

Fría y empapada, deslicé la llave en la cerradura de la puerta, agarré mi equipaje, y rápidamente me acomodé en la alcoba principal, acatando la insistencia de mis amigos. Mi energía había disminuido después de volar casi 10 mil kilómetros y cambiar de avión cuatro veces. Complacida, me lancé sobre la endoselada cama imperial de cuatro postes.

Temprano, a la mañana siguiente, el cegador resplandor del sol anunciaba el alba y me estimulaba a despertarme. Miré hacia arriba y vi unos soberbios techos catedralicios con vistosas alfardas de cedro. Una efusión de rayos solares centelleaba sobre una enorme ventana panorámica como unos reflectores escudriñando la habitación. La calidez de los rayos, aumentada por el cristal, acariciaba mi cansado cuerpo.

Abrí las puertas corredizas que conducían a un pintoresco balcón para encontrar que debido a la altura hacía bastante frio. Desde la habitación, podía ver la pátina de un cristalino océano aguamarina en el cual se reflejaba y se fusionaba un cielo color mamey. Varias islas pequeñas sobresalían del mar, semejando unos niños abandonados, arrancados de la madre tierra que los vio nacer. ¡Era un paraíso!

Era mi primer día allí y ansiaba explorar la isla. David, otro querido amigo, también vivía en Maui, así que me fui a visitarlo. Ya estaba enterado de mis problemas médicos, y me había ofrecido su ayuda si la consideraba necesaria. Antes de mi llegada, él ya me había concertado una cita con un chamán peruano que hacía una visita corta a la isla. David estaba convencido de que reunirme con aquel hombre sería benéfico para mi salud. Yo no estaba tan segura. El conocimiento que tenía acerca de los chamanes se limitaba a unos pocos puntos generales que había aprendido en una clase de antropología en la universidad.

La información rudimentaria que venía a mi mente me decía que los chamanes o "hechiceros", como los llaman en algunas culturas, poseían un supuesto conocimiento y ciertas técnicas antiguas para ayudar a mantener la salud y el bienestar. Se afirmaba que tenían la capacidad de entrar, a voluntad, a estados no normales de la realidad para obtener conocimiento oculto y tener acceso a posibles acontecimientos futuros y poderes de curación. Estas facultades y habilidades, así como sus rituales de acompañamiento, se transmiten de generación en generación por tradición oral y el aprendizaje. Estas prácticas son tan antiguas como la conciencia misma y anteceden en miles de años a las primeras civilizaciones de las cuales se tiene conocimiento.

Accedí al encuentro, dado que a mí siempre me había gustado conocer gente interesante y haría lo que fuera o iría a donde fuera con tal de mejorar la salud. Debo confesar que esperaba muy poco de este encuentro. Me parecía que sería otro intento en vano, pero un intento más no parecía importar.

Deseosa de ver a mi viejo amigo, me encontré en el pórtico de la casa de David y toqué la puerta barnizada, la cual se abrió de par en par. David me saludó con una radiante sonrisa y un efusivo abrazo. Hacía bastante tiempo que no nos veíamos y teníamos mucho de que hablar.

Amablemente me escoltó hacia su inmaculada y hermosamente decorada vivienda. Cuando entré a la sala, sentados piadosamente en el sofá estaban cuatro indígenas peruanos. Sus edades promediaban entre los veinte y los cincuenta años. No hablaban inglés y nunca se habían aventurado fuera de su hogar en Cuzco, una pequeña ciudad localizada a varias horas de la majestuosa Machu Picchu, lugar de asentamiento de la "Ciudad Perdida de los Incas". Con la postura rígida, nerviosa y uniforme de los soldados en guardia, se irguieron para darme la bienvenida. Estaban impecablemente vestidos con un vistoso atuendo tradicional peruano, y todos empuñaban primitivos instrumentos musicales hechos a mano. Era una maravillosa oportunidad para tomar una fotografía pero desgraciadamente no tenía cámara.

La torpeza se apoderó del momento cuando David y yo tratábamos infructuosamente de comunicarnos con el poco español que habíamos aprendido en la secundaria. Wachán, el chamán y traductor del grupo, aún no había llegado de una caminata en las montañas.

Parecían cuatro inocentes niños abrumados por la tecnología occidental. El triturador de basura y un ventilador eran objeto de mucha discusión, fascinación y risa. Juguetonamente insistían que David y yo les explicáramos como funcionaba todo y porqué los norteamericanos necesitaban tantos artefactos mecánicos. Me encantó su sencillez e ingenuidad. Estaba fascinada.

Cuando nos sentamos alrededor de una mesa de roble grande y antigua para almorzar, me sorprendieron sus impecables modales. Su gracioso cuidado para con la etiqueta era contagioso. Los seis esperábamos impacientes la suntuosa comida vegetariana que David había preparado. Una séptima silla, junto a mí, permanecía vacía. Cuando nos encontrábamos a punto de servir la mesa, entró Wachán y se sentó tranquilamente en ella.

Mucho más sofisticado y avezado, tenía un notable contraste con los demás. Su apariencia física era fuerte y ostentosa. Mi atención fue desviada momentáneamente por esta excentricidad, aunque poseía el mismo aire de rectitud de los demás. A pesar de su imponente figura, apenas medía un poco más de un metro sesenta centímetros, con una presencia que indicaba una naturaleza sencilla, despreocupada y sin inhibiciones. Sus rasgos faciales eran evidentemente incaicos, al igual que su correosa piel trigueña y su áspero y desgreñado cabello negro, el cual llevaba recogido en una larga trenza que caía sobre su espalda. Alrededor del cuello llevaba varias sartas de semillas amarillas y negras con apariencia extraña. El toque final lo daba una raída cinta roja y dorada hecha a mano que le rodeaba la cintura y pendía sobre la pierna derecha.

Hicimos las cortas presentaciones de siempre, y gracias a sus traducciones, yo ya podía conversar tranquilamente con los demás. Cuando Wachán giró la cabeza, noté que tenía un corcho introducido en la oreja izquierda. El lóbulo había sido expandido y deformado de alguna forma para acomodarlo. Varios días después, Fladimir, el más joven del grupo, me explicó que era un signo de nobleza en la cultura incaica.

Permanecimos bastante tiempo en la mesa después de terminar el almuerzo. David y yo teníamos muchas preguntas que hacerle a Wachán sobre las técnicas tradicionales de curación que se empleaban en el Perú, pero de forma inesperada, la conversación cambió rápidamente a una discusión sobre los sueños.

"Soñar no es siempre lo que la gente piensa que es, y la vida que llevamos durante la noche no es ciertamente lo que a los sicólogos les gustaría creer", comenzó Wachán.

Me di cuenta de que este comentario estaba dirigido a mí.

"Entonces, ¿qué creen los chamanes que son los sueños?", le pregunté.

"Durante siglos, los sueños fueron el medio de los profetas, los cuales tenían visiones sagradas durante ellos. Muchas tribus indígenas creen que los sueños no son una experiencia individual, sino un acontecimiento coadyuvante que debe ser utilizado por toda la comunidad. Contienen información preciosa que debemos emplear como guía para el grupo en cuanto a asuntos de la vida diaria e incluso para la supervivencia. Los aldeanos se ven a sí mismos como una unidad simple y multifacética, y el sueño de cada persona es sólo una pequeña parte de la mente soñadora de la comunidad. Cada sueño contribuye a la formación del tejido de esa sociedad", explicó mientras tomábamos café hawaiano.

Wachán comenzó a animarse a medida que continuaba, "Hay muchas clases de estados del sueño, pero cuatro son los más importantes. La primera clase ocurre generalmente durante las dos primeras y las dos últimas horas de sueño. Estos sueños sólo son remanentes de los pensamientos y recuerdos del día. Las preocupaciones, incertidumbres y frustraciones siguen activas en el cerebro durante la noche. Estos sueños son un intento por resolver conflictos internos, deseos o emociones no aclaradas que quedan del día".

Insensible, respondí, "Parece una explicación de índole muy psicológica".

"Así es. Esa es la primera parte", dijo con mucha seguridad en sí mismo. "La segunda clase de sueños son aquellos que representan los recuerdos verídicos. Penetran en el pasado y son una evocación de las vidas anteriores. Nos es difícil recordar las vidas anteriores en nuestro estado consciente y en las horas de vigilia, pero cuando estamos dormidos tenemos acceso a los recuerdos rudimentarios del espíritu y podemos evocar experiencias pasadas tal y como sucedieron. Estos sueños pueden ser muy instructivos".

Ya comenzaba a cautivar mi atención. "¿Cuál es la tercera clase?", le pregunté mientras pensaba que la conversación se hacía cada vez más metafísica.

Mirándome intensamente, respondió, "La tercera clase son esos sueños que tocan el campo pletórico y colectivo de la conciencia. Son sueños telepáticos. Es posible despertar por la mañana recordando una comunicación verdadera con otros seres o unos sucesos experimentados por gente ajena, considerándolos como recuerdos nuestros. Podemos elegir los pensamientos fortuitos de otras personas o grupos de personas porque los pensamientos son, de hecho, un fenómeno físico. Hay muchas historias anecdóticas de personas que se conocen y tienen el mismo sueño la misma noche. Esto es posible porque su conciencia está literalmente rondando el mismo lugar. Por supuesto, sabemos que sólo existe Una Mente. Por eso, durante la noche nuestra conciencia está libre de las limitaciones de nuestra personalidad y tiene la libertad de rondar y unirse con toda la humanidad. De hecho, todos somos inseparables, y mientras dormimos podemos experimentar esto por completo".

David terció, "¿Y la cuarta clase?"

"La cuarta clase de sueños es la más importante", respondió Wachán. "Es el momento en el cual el alma o cuerpo etérico se libera. Este cuerpo inmaterial se separa del cuerpo físico y viaja a otra dimensión. El soñador puede realizar actividades muy normales en esta plano de la existencia. Él o ella pueden encontrar a alguien que esté desaparecido o ubicar a alguien para lastimarlo, si así lo quiere. El trabajo mental que se inicia durante el día continúa por la noche. Lo que sucede se basa enormemente en los anhelos y deseos de la persona. Si las aspiraciones son de una naturaleza magnánima y virtuosa, el soñador viajará al increíble reino espiritual. Si no, los anhelos lo llevarán a aquellos lugares en los que pueda tratar de satisfacer sus deseos. Esto nos sucede a todos casi todas las noches, y explica cómo las personas ciegas, incluso las ciegas de nacimiento, pueden tener sueños vívidamente visuales".

"En ocasiones el cuerpo etérico regresa al cuerpo con demasiado rapidez, y se siente como una especie de golpe", explicó. "La rápida reentrada puede causar un trastorno suave. Tal vez usted ya lo ha experimentado. De hecho, somos muy activos durante la noche. Visitamos lugares e interactuamos con personas que viven en el mundo físico y también con las que no. Algunas veces, cuando estamos durmiendo, podemos hacer contacto con nuestros Maestros, esos elevados seres que nos ayudan y nos guían".

"La forma más elevada del sueño ocurre cuando la conciencia de la persona y el cuerpo etérico entran en el reino primordial de lo Divino y recuperan información mientras lo recorren. Estos conocimientos y sabiduría se filtran en la mente durante estas visitas nocturnas y se recuerdan en la forma de un sueño. Muchos místicos y chamanes visitan a estos lugares a voluntad durante la noche, y recuperan las verdades profundas y las revelaciones con mucha lucidez. Esta clase de sueños explica cómo pueden las personas saber acerca de lugares en los cuales nunca han estado", explicó Wachán.

Tenía muchas preguntas. ¿Qué son las pesadillas? ¿Son puramente psicológicas?"

"No exactamente. Las pesadillas ocurren por lo general cuando el espíritu no puede influenciar su naturaleza, aspiraciones y objetivos en cuanto a su personalidad se refiere. Ellas son causadas por un conflicto entre el Yo superior y el inferior. Un duelo se libera en el lugar más recóndito de la psiquis, pero por favor entiendan que la verdadera batalla es la que surge entre el alma y la personalidad. Así que un sueño es básicamente una respuesta a un interrogante que nuestro Ser verdadero aún no ha aprendido a responder estando "consciente".

Mientras conversábamos, Fladimir, que estaba recostado en el sofá, lucía algo preocupado porque hablábamos en inglés y no entendía ni una sola palabra. Interrumpió diciendo, "Hoy es la noche de la luna llena del mes de junio. Es un momento de gran fuerza cósmica, y estamos planeando efectuar una ceremonia sagrada en las montañas. ¿Le gustaría acompañarnos?".

Estaba muy lejos de satisfacer mi curiosidad sobre las creencias que tenía Wachán acerca de la naturaleza de los sueños, pero me emocioné con la invitación. Parecía que era hora de cambiar el tema y así lo hicimos.

Comenzamos a planear el viaje, y cada vez me maravillaba más con la filosofía metafísica de Wachán y su habilidad para articular ideas complejas de una manera sencilla. Esperando pasar más tiempo con ellos, tuve el presentimiento de que esta noche tenía el potencial para convertirse en una aventura muy emocionante.

La ceremonia sagrada

El lugar que ellos habían escogido para el ritual no era accesible por carro, así que David ya había hecho arreglos para conseguir caballos en una granja vecina. Había reservado uno para mí, previendo que yo iría. Aunque todos teníamos experiencia con los caballos, el propietario del establo insistió en darnos unas cortas instrucciones. "Conserven las riendas en sus manos todo el tiempo. Los pies en los estribos, y su mente en el viaje". ¡Estaba muy lejos de imaginarse que los consejos que nos brindaba no tenían nada que ver con los caballos!

Antes de que la luz del día desapareciera con el crepúsculo, ya estábamos recogiendo el equipo, montando sobre siete caballos de apariencia muy aristocrática y comenzando una caravana hacia la empinada y engañosa montaña. Mientras los seguros caballos subían triunfalmente por el rocoso terreno, comencé a desarrollar una relación muy agradable con Shahzadi, la yegua color castaño que yo montaba. Recordé que durante mi caminata con la Mente Universal me había dado cuenta de que todos los animales son seres completamente conscientes, inteligentes y sensibles, y yo anhelaba fervientemente, ser respetada por esta hermosa y noble criatura de Dios.

Por todos es sabido que los mamíferos experimentan ira, desconfianza, tristeza y felicidad. Ahora las investigaciones sugieren que los loros, los chimpancés y los delfines pueden manejar conceptos intelectuales complejos, incluyendo habilidades rudimentarias para el lenguaje. Se sabe que los loros pueden nombrar hasta cincuenta objetos, reconocen colores y números y entienden el concepto de igualdad y el de diferencia. Los perros sienten cuando una persona va a sufrir un ataque de epilepsia y dan una advertencia. De hecho, se ha establecido un extenso programa de entrenamiento canino con este único propósito.

Podemos matar a los animales y usarlos para la experimentación sólo porque los vemos como "bestias" incapaces de entender el ambiente que los rodea. Esto no podía estar más lejos de la verdad.

Quería asegurarme que Shahzadi se sintiera cómoda llevándome en su lomo, así que sostuvimos prolongadas charlas mientras ascendíamos la montaña. Ella parecía entender cuando le explicaba que yo estaba enferma y necesitaba su ayuda. Un vínculo natural de afinidad se desarrolló entre nosotras.

Habíamos cabalgado durante varias horas, y la oscuridad ya aparecía. La sutil luz de la luna llena nos iluminaba lo suficiente para seguir el camino hacia nuestro destino, una prístina meseta de apariencia primitiva casi en la cima y justo en el borde de un antiguo cráter volcánico. El pico del inactivo volcán se remontaba a tal altura sobre el nivel del mar que las brumosas, vaporosas y compactas nubes flotaban perezosamente a su alrededor. La quietud y oscuridad del claro en el camino eran avivadas por el misterioso chillido de una gran ave azul grisácea. Su chillido parecía afligido y desolado.

El lugar que habían escogido parecía casi ultramundano y de alguna forma igual a mi versión imaginada de Shangri-

La, la mágica y mítica tierra perdida de la belleza utópica. El terreno estaba compuesto por un apizarrado suelo volcánico sobre el cual se había diseminado una rica vegetación con el paso de los siglos. La tosca majestuosidad del paisaje me dejaba sin aliento. Estaba físicamente débil y me había salido una llaga debido a la agotadora cabalgata, pero el panorama era tan solemne e incitante que podía olvidarme de mi molestia. Amarramos los caballos y comenzamos a descargar el equipo que habíamos traído.

Agotada, tomé una estera de paja hecha a mano que estaba en el saco de provisiones y me senté sobre el refrescante suelo. La temperatura descendía rápidamente debido a que el sol ya se había ocultado. Después de encontrar una manta, me envolví en ella para protegerme del aire frío y luego escudriñé el área para familiarizarme con el entorno. El claro que ahora servía como nuestro campamento estaba iluminado perfectamente gracias a la incandescente luz de la luna llena, nuestro candelabro celestial. El destello lunar se reflejaba en la mica incrustada en las rocas circundantes. Cada pedrusco irradiaba de vida y titilaba en unísono con las brillantes estrellas en el cielo. El resultado era una fantástica exhibición de la simbiosis cielo-tierra.

Una pequeña caída de agua se escuchaba cerca. En el continuo y suave murmullo del agua salpicando sobre un congelado pozo escuchaba un concierto rítmico que me sumía en un tranquilo trance. Comencé a sentir que el mismo estado de efusión mental empezaba de nuevo. Nunca estuve completamente segura de lo que incitaba este estado, pero casi siempre ayudaba a estar cerca de la naturaleza. Mis percepciones normales comenzaron otra vez a transformarse, mi forma usual de ver las cosas se disolvió, y los reinos visionarios eran asequibles una vez más.

Le di un vistazo a esta antigua fuente y vi diminutos prismas de luz saltando allí donde el chaparrón se encontraba con el agua estancada. Cada uno despedía un espectro completo de colores jaspeados y ofrecía un efecto sicodélico cuando el agua que caía formaba remolinos en miniatura. Los pequeños y translúcidos torbellinos líquidos eran como los agujeros negros en el espacio porque lo absorbían todo. Todo era animado y tenía vida. Todo a mi alrededor tenía una identidad individual y, simultáneamente, una relación con todo lo demás. El área entera estaba viva, pulsaba y vibraba de energía. Podía apreciarlo en el aire y sentirlo en el suelo que pisaba.

Wachán había traído varias mochilas con toda clase de implementos y provisiones para la ceremonia. Le tomó casi dos horas adornar el área cercana con los artefactos esenciales, y lo hizo con gran destreza y habilidad artística. Atadas en el árbol bajo el cual estábamos sentados había plumas de guacamayo rojas y azules. Colocada estratégicamente en el suelo se encontraban un enorme caparazón de casis con un agujero en el cono y una pequeña flauta de madera. Las flores locales adornaban todo el lugar. Encendió una fogata con viruta seca proveniente del árbol de caobo del Perú y hojas de palma que habían recogido en la base de la montaña. Luego circunscribió todo con piedras pequeñas que encontró cerca. A nuestro alrededor había platos de arcilla llenos con diferentes hierbas e incienso. Entre las peculiares e intrigantes mezclas estaba el feto disecado de una llama, hojas de coca, semillas surtidas, manzanilla y salvia.

Cuando terminó Wachán y todo estaba en su lugar, nos sentamos en un semicírculo alrededor de la fogata. Las pulsantes y pirotécnicas llamaradas de color azul y amarillo rojizo producían ascuas de luz dorada que revoloteaban graciosamente sobre las llamas. A medida que se consumía la madera, las ardientes brasas conferían un calor muy agradable.

Los peruanos habían traído todos sus instrumentos musicales —flautas, maracas, cascabeles atados en capas alrededor de los tobillos y tambores de piel de varios tamaños. Los habían elaborado diestramente a mano. Eran primitivos pero muy hermosos.

Cuando todos estábamos sentados alrededor de la fogata, comenzaron a interpretar una armoniosa pero melancólica tonada, una melodiosa sonata que habían compuesto de la forma más extraña. Raúl me había dicho que los cinco hombres habían viajado hasta las ruinas de un remoto y antiguo templo incaico en el Perú. Allí, pasaron días orando y meditando hasta que la ancestral música tribal de miles de años de antigüedad llegará a ellos. Los siglos pasados recobrarían vida mientras escuchaban y absorbían estos quiméricos tributos musicales a los dioses. Posteriormente los llevaron a casa para interpretarlos sólo durante ceremonias muy sagradas.

Las melodiosas y armoniosas vibraciones de los instrumentos creaban una efervescente respuesta en mi interior. Era como tomar un elixir de tonos calmantes. Los sonidos convergían en un todo homogéneo, y aparecieron visualmente ante mi vista. La música creaba ondas de arco iris y oscilantes colores que parecían liberar energía en los átomos a nuestro alrededor. Simultáneamente, los colores en el ambiente eran tan vibrantes que literalmente podía escucharlos. Milagrosamente, ¡estaba viendo el sonido y escuchando los colores!

En la India, tienen un antiguo sistema de enseñanza física que es una forma de yoga. Los estudiantes versados y los maestros dicen que al pronunciar una cierta palabra mítica correcta y repetidamente, se puede crear una vibración que ejerce un efecto purificante en el cuerpo y en la mente. Se cree que esta palabra, pronunciada con una intención fuerte y pura, puede abrir la entrada al cielo. El hecho de que ciertos sonidos puedan sanar y afectar nuestra naturaleza espiritual es una premisa antiquísima.

Wachán cantó y recitó antiguas invocaciones peruanas durante más de una hora. La brisa soplaba el picante humo que salía del incienso directamente hacia mí, y me ardían los ojos. Me vi forzada a cerrarlos. La música me entraba precipitadamente. No escuchaba únicamente las notas vocales y musicales. Los sonidos reverberaban en mi interior y producían una resonancia vibratoria que de alguna forma afectaba mi fisiología. La música no emanaba solamente de los instrumentos, sino también del profundo interior de los hombres que la interpretaban.

A mi mente vino un vago recuerdo de mi niñez cuando estaba en el templo durante nuestras festividades religiosas mayores. En el judaísmo, el lastimero llamado místico del *shofar*, que se produce soplando el cuerno de un carnero, se hace con la intención de despertar el alma y ayudar a que las oraciones asciendan al cielo. Este sonido familiar parecía mezclarse con los otros instrumentos. Cuando abrí los ojos y miré hacia arriba, Heber estaba soplando el cuerno de un carnero, aunque una versión peruana.

Wachán siguió recitando y orando en su lengua nativa, el quechua, y a pesar de que no entendía el lenguaje, de alguna forma sabía que la intención era reestablecer en esos momentos una unidad coherente para todos nosotros, con nosotros mismos y con todo lo que nos rodeaba. Así se debe definir la utopía verdadera: no hay separación alguna.

A medida que aumentaba y se intensificaba la música, Wachán entraba, obviamente, en un estado alterado. Parecía estar abriendo un pasaje hacia su corazón, hacia su mente por medio de estos cantos. Los conjuros eran cada vez más apasionados y alcanzaban un tono febril, casi hiperbólico. Abrí los ojos de nuevo porque sentí más calor en mi rostro y asumí que el fuego estaba aumentando. Podía sentir un incremento de temperatura en mi costado izquierdo. Pero no era así. Lo que vi fue a Wachán empapado en sudor. Se veía muy exaltado, y seguía recitando como si su vida dependiera de eso. Ardía de emoción. El calor que yo sentía emanaba de su cuerpo, que daba la impresión de estar tan encendido como el fuego. ¡No podía creerlo! Escudriñé rápidamente para saber si la fuente de calor no provenía de las llamas. No era así. De hecho, ¡las llamas ni siquiera estaban cerca de mí!

Cuando las oraciones alcanzaron el cenit, unas conmovedoras lágrimas rodaron por su rostro y seguía vibrando en un abrazo casi orgásmico con lo Divino. Luego, repentinamente cesó la música, y Wachán cambió fluidamente de su lengua nativa a inglés. Tomó uno de los tres sacos de cuero, y nos dio tres hojas de coca a cada uno, explicándonos que representaban el mundo espiritual superior, medio e inferior. Después nos dijo que las sostuviéramos delicadamente entre los dedos. Intensamente, y con tanta fortaleza como pudimos, fuimos animados a infundir las hojas con nuestras oraciones sinceras. Oramos en silencio por algún tiempo.

Pensaba en muchas cosas por las cuales pedir, por mí y por los demás, pero pensé que una sola sería apropiada. Había algo que deseaba fervientemente para mí. "Sí", pensé. "Pediré por eso... Comandante en jefe, Creador del Universo, por favor restaura mi salud". Sabía que la Mente Universal tenía sentido del humor y aunque yo estaba bromeando, esta súplica era completamente sincera y reverente en ese momento.

Ésta fue mi súplica: "Por favor restaura mi salud". Wachán tomó ceremoniosamente cada hoja de coca, y una por una las colocó en un lienzo blanco que representaba la pureza. Luego las envolvió junto con las cenizas del incienso y las hierbas, hizo un atado y lo amarró con una cinta. De nuevo, comenzó a recitar y a orar sacudiéndose de un lado para otro, sosteniendo el atado acopado tiernamente entre sus manos. En ese paquete, junto con las cenizas y las hojas, estaba la esencia de nuestros deseos, esperanzas y sueños.

Con mucho esplendor encendió una vela, levantó el atado en el aire y le pidió a los espíritus que escucharan nuestras oraciones y peticiones de ayuda. Cuando terminó, su expresión cambió como si se hubiera quitado de encima el peso del mundo. Con mucha alegría, arrojó el precioso atado al fuego. A medida que el lienzo se quemaba, una nube de humo se levantaba en el aire, llevándose consigo las cenizas de las hojas en llamas impregnadas con nuestras más sinceras peticiones y ruegos. David y yo observábamos con asombro mientras el humo gris se elevaba hacia el cosmos y era esparcido por el viento.

De repente, Wachán saltó del lugar donde había estado sentado durante horas y con gran desenfreno comenzó a danzar. Los músicos empezaron a tocar de nuevo como si hubieran recibido una señal y espontáneamente todos nos paramos y nos unimos a la danza. Reímos, dimos vueltas y jugueteamos en una desbordante celebración de vida. Me sentí animada, más feliz y más libre de lo que había estado durante años. Todos parecíamos niños alegres traviesos e innegablemente eufóricos. Yo hacía piruetas, giraba y danzaba como un derviche contorsionándose. Bailaba fácilmente y sin inhibiciones. Tenía una enorme energía y agilidad en mi cuerpo y un control motriz mucho más aguzado que el normal. Me quité los zapatos para poder sentir el suelo bajo mis pies, y seguí haciendo cabriolas y saltando con la entusiasta música. No sentía frío en absoluto.

Luego recordé, "¡Un momento! ESTOY ENFERMA. ¿Cómo es posible esto?" No había bailado durante siete años. Sin embargo, ahí estaba, saltando y disfrutando un maravilloso momento.

Miré a David con una expresión de asombro y grité, "¡Estoy bien!".

Con una sonrisa perspicaz, me miró afectuosamente y dijo, "¡Genial!".

Con la aparición de la primera luz del alba, sentí como si hubiera despertado de un pavoroso sueño. El dolor y la agobiante fatiga en mi cuerpo habían desaparecido. Increíblemente, había olvidado por completo cómo me había sentido cuando estaba sana.

Cargamos nuestro equipo, montamos de nuevo en los caballos y comenzamos el ondulado descenso por la empinada montaña salpicada de piedras por doquier. Parecía, con demasiada frecuencia que metafóricamente y literalmente, escalaba grandes alturas para encontrarme a mí misma cuando regresaba a la base. Tal es el ritmo cíclico de la vida, el flujo y reflujo del proceso creativo que contribuye a nuestra inevitable evolución.

A medida que descendíamos, el apizarrado color de la roca de lava cedía ante los constantes cambios de estratos en la tierra hasta que comenzamos a cabalgar sobre piedra caliza gredosa. Mi temperatura había aumentado unos 20 grados.

Cabalgamos hasta llegar a una apartada laguna con forma de luna. La ensenada estaba aislada por elevados riscos que agradecidamente nos protegían del resto del mundo. La playa prístina estaba matizada por la mística polinesia de la arena negro azabache y cubierta por blandos y blanqueados maderos flotantes que creaban un majestuoso diseño de elegantes y elásticas estructuras. La madera estaba profundamente enterrada en estas aguas someras color ébano, pero las puntas se elevaban para formar un arreglo de figuras líquidas retorcidas y frondosas. Tenían la apariencia de atezados iconos, tallados por el máximo maestro, la Mente Universal. De la cima de la colina fluía una pared de diáfana agua dulce que caía y se encontraba con el espumoso mar salado, mezclándose en un turbio océano azul esmaltado.

Regocijada con los acontecimientos de la noche y entusiasmada por la vigorizante sensación de bienestar, bajé del caballo y corrí alocadamente hacia la cascada y me lancé con todo y ropa. Dando un grito muy original, David me siguió de inmediato junto con los demás, que saltaron desnudos. Como era la única mujer y además recatada, me desnudé disimuladamente bajo el agua. Sin que me vieran, arrojé los jeans y la camiseta hacia la orilla. Me invadió una sensación inocente de pureza y sencillez nadando en el agua cristalina, como si se tratara de un bautismo rudimentario.

Sintiéndome muy emotiva, instintivamente nadé para estar sola. Me sentía como en casa en el apreciado océano. Me desplacé por el agua cual apacible sirena, planeando y luego buceando bajo las agitadas olas. Mientras flotaba suavemente en el ondulante mar, sentía como si estuviera envuelta en un nutritivo útero acuático. Medité en el hecho de que ahora estaba bien y comencé a entender el proceso intrínseco de mi enfermedad y mi curación.

Son muchas las razones de una enfermedad —ambientales, genéticas, infecciosas o kármicas— pero ahora estoy segura de que nosotros no "causamos" nuestros propios males pensando erróneamente o siendo pecaminosos. Esto deberá ser evidente cuando reconozcamos que la enfermedad existe en toda la naturaleza. Incluso algunos de nuestros más grandes santos sufrieron espantosas aflicciones. Y ciertamente, ellos no hicieron nada para merecer estos males.

Por ejemplo, en épocas modernas, si una enfermedad es causada estrictamente por envenenamiento ambiental, el mal requiere observarse desde una perspectiva más global. No es únicamente esa persona la que sufre. Esa diminuta célula en el cuerpo de Dios sirve para advertirnos que todos estamos amenazando la salud de la humanidad. Esa persona está actuando como un "canario en la mina", un sistema de inteligencia avanzado que nos previene del peligro. Infortunadamente, la humanidad no sabe escuchar muy bien.

Debemos comenzar por admitir que hay fuerzas misteriosas trabajando alrededor de nosotros y en nuestro interior, fluyendo desde el centro creativo divino y gobernando casi todo lo que sucede en nuestras vidas. Todos los seres —los minerales, los vegetales, los animales y el ser humano— están experimentando un insondable proceso de evolución a través de una serie de expansiones. Sabemos que el universo en sí se está expandiendo, pero como siempre, no pensamos en cuanto a nuestra propia conciencia individual y floreciente. Es un concepto erróneo pensar que el proceso evolutivo es principalmente físico, porque no lo es. El verdadero progreso y desdoblamiento ocurre en los planos metafísico y espiritual de la existencia. Todos y cada uno de nosotros experimentamos constantemente este florecimiento del alma, aunque no siempre estamos conscientes de ello. El resultado final es una unidad completa y absoluta y una satisfacción con todo y con todos.

Así como el alma es un duplicado impecable y etérico del cuerpo, junto al mundo físico existe un complejo mundo celestial que es su exacta réplica no material. Ambos están compuestos de materia física. La única diferencia radica en que el mundo etérico, el cual es un torbellino de energía, está construido con una sustancia mucho más delicada. La humanidad es, para decirlo metafóricamente, un pedazo de carbón impactado, alterado e influenciado por energías poderosas, orientadoras y vitales a través de los eones. El objetivo máximo de este proceso evolutivo es crear un diamante que represente el logro de una conciencia total, tanto en el ámbito humanitario como en el planetario.

En mi caso, he llegado a creer que un choque de fuerzas fue el causante de mi enfermedad. Por otra parte, grandes y estimulantes energías inundaban mi alma. Y mi personalidad, el aspecto más compacto de las dos partes, resistió todo el proceso. La oposición y la falta de unidad y armonía entre las dos partes de mi Yo ocasionaron un estado de división e incoherencia. Esta clase de fragmentación puede producir toda especie de procesos patológicos que son, de hecho, sólo una respuesta corporal para reenfocar la energía.

Las molestias y tribulaciones de la enfermedad sólo son importantes en cuanto a que ellas contribuyen al realce y progreso de la experiencia del alma. Esa parte depende de nosotros en la forma en que interpretamos y manejamos el desafío de estar enfermos. También me di cuenta de que mi continua aversión hacia mi enfermedad sólo servía para intensificarla y abastecerla porque la energía siempre es orientada por los pensamientos.

Nuestros pensamientos son de hecho una energía real y tangible. Como tal, ejercen una influencia definitiva sobre nosotros y el medio ambiente. Cuando entramos en una sinagoga o una iglesia, sabemos que es un lugar especial porque se puede percibir un aroma de santidad en él. Si estamos atentos, también podemos percatarnos de un hogar feliz. Hay una impresión débil, una sensación que puede percibirse y sentirse intuitivamente. Por la misma razón, si se ha presentado una pelea continua en el ambiente, la hostilidad también puede percibirse.

No hay linderos, límites ni restricciones de tiempo para nuestros pensamientos. Se necesitarían cien años para que un rayo de luz nos alcanzara desde la estrella más cercana, pero debido a que el universo entero es una Mente exaltada y nuestra mente individual es una diminuta partícula de ella, un simple pensamiento alcanzaría esa estrella instantáneamente. La falta de entendimiento de los aspectos metafísicos fundamentales de la enfermedad, combinada con una resistencia emocional y psicológica a los movimientos avanzados, demoró grandemente mi curación. La verdadera curación puede ocurrir potencialmente cuando la fuerza de la vida circula sin restricción, acabando con las obstrucciones en el flujo de energía y vitalizando el cuerpo. Este es el principio básico de la acupuntura, un tratamiento médico chino con dos mil años de antigüedad.

Este proceso también es la definición de la curación espontánea la cual está bien documentada pero no claramente entendida en la literatura médica. La curación espontánea es simplemente la capacidad innata e intrínseca que tiene el cuerpo para mantenerse sano. Por supuesto, aún es un misterio cómo ocurre eso exactamente.

Es importante entender que no siempre podemos conocer la fuente o razón de la enfermedad, que no todos los males son curables y por injusto que parezca, que no todos nacen para curarse en cualquier momento de la vida. No podemos saber el significado y el propósito exactos que hay detrás de todo sufrimiento o la razón de las tragedias. Sólo necesitamos tener fe en la existencia de una fuerza impulsora superior que es mucho más sabia que nosotros y completamente benevolente en cuanto a nuestro desarrollo espiritual.

De alguna forma, yo había sido curada a través de los sonidos sagrados, las oraciones piadosas y sinceras y el mantenimiento de la verdadera imagen de nuestra Fuente en lo profundo del santuario interno del grupo. Aún está más allá de mi alcance asimilar por completo la experiencia. Sólo sé que pasó y que estoy bien. Oro porque así sea siempre.

Flotando sin peso alguno, el tiempo parecía suspendido. Miré hacia el domo del profundo cielo azul y di un suspiro de regocijo. En el horizonte pendía un arco de brillantes matices. Un arco iris apareció de repente, con un extremo originado en las nubes y el otro cayendo sobre la cima de la montaña de la cual hacía poco habíamos descendido. Esta fue otra señal y símbolo implorándome que recordara que el puente entre el cielo y la tierra es el colorido vínculo entre nuestras almas y nuestra Fuente.

Había encontrado mi vasija de oro en la cima de esa montaña donde terminaba el arco iris. La gran riqueza ahora era mía —el tesoro de la salud.

IV. Morar en la Gracia

Lo divinamente anormal

Dios duerme en una roca, sueña en una flor, se desplaza en un animal y se despierta en un hombre.

—*Irenaeus*

on un vigor renovado y el recuerdo de esa noche en Maui que alteró mi vida, intrincadamente grabado dentro de la filigrana de mi psiquis y alma, sabía que lo aparentemente imposible era posible y que lo inconcebible estaba al alcance.

La restauración de mi salud reavivó el deseo de reasumir la búsqueda que había empezado antes de caer enferma. Una imperiosa necesidad de investigar y explorar el antiguo, universal y mistificado fenómeno de los estados superiores de la conciencia dio como resultado el renacimiento de los proyectos iniciales de mis estudios. Ya había acumulado una mezcla de información variada, entrevistas y relatos personales, pero ahora estaba determinada a integrar todos estos datos para formar una estructura que ayudaría a que los profesionales de la salud mental entendieran que existe un colosal abismo psicológico entre la locura y el misticismo.

Anhelaba fervientemente destrozar la obsoleta y arcaica creencia existente que desprestigia la realidad de los estados místicos y así proveer lo necesario para rectificar las deficiencias del presente y confirmar y reconocer a tantas personas en el mundo a las cuales me refiero afectuosamente como los "divinamente anormales". Tal vez la verificación y documentación de estos estados expandidos del conocimiento ayudarán a otros en el futuro para evitar los innecesarios signos de sobresalto, aflicción y confusión.

Durante la misión búsqueda-encuentro de lo divinamente anormal que había emprendido, un hombre llamado Barry me contactó desde Houston, Texas. Ya jubilado, trabajó para la NASA como ingeniero en la industria aeroespacial. Me describió una experiencia "como caída del cielo". Después de varias conversaciones largas y productivas, nos reconocimos como espíritus afines unidos por una profunda devoción a nuestra Fuente y nuestro deseo de ayudar a otros a encontrar fe y esperanza.

Entre todas las hermosas y diversas experiencias que había escuchado, sentí que esta historia era una de las más clásicas y transformadoras. El siguiente es un extracto de uno de sus manuscritos:

Durante la mayor parte de mi vida, estuve inmerso puramente en la parte científica, lógica y técnica de la mente. No sabía nada sobre transformación personal o espiritual, ni de crecimiento e ilustración, mucho menos de sabiduría perpetua. Aunque el siguiente relato de cómo encontré la transformación pueda parecer infundado e irreal, tal vez llegue a ser útil para alguien que esté intentando entender una experiencia similar.

Una noche, tuve una sensación muy profunda. Algo en mi interior hablaba de mi falta de valor, de mi necesidad de someterme y de rendirme. Traté de rendirme. Luego, parecía como si en mi parte inferior derecha hubiera una puerta, cuya mitad superior estaba abierta o era de cristal. De alguna manera sentía que a través de esta puerta podía ver todo, el universo, el cosmos. Era muy extraño. Aún así anhelaba vehementemente ver y entender. Parecía como si todo estuviera bien allí, pero no podía descifrarlo. Estaba borroso, fuera de foco.

Luego parecí caer en un estado alterado en cierta forma suave, fluido, profundo, exaltado. Estaba envuelto en una llama. Tenía la sensación de volar sobre otros mundos, otros planetas, acelerando a través del cosmos. Llegaban ondas continuas de éxtasis. Después, poco a poco disminuyó. Me faltaban energías y estaba algo sorprendido, pero muy tranquilo y calmado. Parecía como si todo el cosmos me rodeara y circunscribiera, pero no podía alcanzarlo. No sabía qué estaba pasando. ¡Pero qué sensación!

Presentía que no podía alcanzarlo porque estaba atemorizado. También sentía en cierta forma que no estaba listo. Parecía como si me faltara algo. Sólo podría describir ese "algo" como quizás una especie de madurez moral. Sentía como si fuera una persona ida y necesitaba alcanzar un nivel superior de integridad.

No obstante, de algún modo sentía que había estado cerca de ver algo, cerca de otro estado superior de la conciencia. Y aunque parecía que se necesitaba más madurez, también había la sensación de que este estado superior de la conciencia tenía una cualidad de inocencia y placidez y una cierta agradable candidez. Esto está en claro contraste con la tediosa seriedad generalmente asociada con tales cosas. La experiencia parecía ejercer un efecto positivo, moral y completo en mí. Producía una benevolente y profunda sensación de bienestar, un estado del ser que parecía ser una fuente de virtud moral.

Todo el tiempo estuve flotando en una nube de escepticismo. ¿Algo de esto era real o era simplemente una ilusión? Me sentí muy cansado, y me sumergí en un profundo estado de calma. Luego, entré en un estado instantáneo de embeleso, envuelto en luces de color rosa. En este estado, era obvio para mí que todo era absoluto y relativo a la vez. Este estado duró un poco más de una hora. De haberlo deseado, ni siquiera hubiera tenido idea de cómo salir de él. Finalmente, se desvaneció. Esto sucedió unas dos o tres veces en los siguientes días. De nuevo, los estados absolutos y relativos del ser aparecían claramente. También vislumbraba una luz, como si el obturador de una cámara se abriera rápida y fugazmente.

A medida que pasaban los días pensaba para mis adentros, "Rendirse... rendirse a Dios", aunque no estaba seguro de lo que significaba esto. Comencé a tener sensaciones generales que me decían algo sobre el cosmos pero no podía entender los "mensajes". Finalmente, casi exasperado pregunté cuál era el mensaje y mentalmente vi una sencilla flor amarilla en los límites de un campo y escuché una voz nítida. La voz o las voces comenzaron a decirme cosas. Notablemente, descubrí que podía hacer preguntas y recibir respuestas. Quienquiera que estuviera dándome las respuestas era un "nosotros". Eso, ellos, lo que fuera, seguía diciendo "Nosotros..." esas voces interiores hacían una traducción e interpretación fiel y simplificada de conceptos cósmicos profundos y lo hacían con enorme bondad, gentileza, compasión y consideración. Nunca había encontrado nada parecido a esta cualidad de compasión sin límites y cuidado en el nivel humano de la existencia.

Como pueden ver, todo esto se estaba volviendo cada vez más extraño. No obstante, sentía mucha curiosidad por este aparente estado de conciencia. Por eso, en mi más audaz determinación, avancé de prisa. Aunque una vez más, surgió esta nube de escepticismo acompañada por el hecho de que no sabía realmente qué era lo que estaba haciendo. Probablemente me impulsaba una verdadera honestidad, un profundo y genuino deseo de SABER.

Pasé por un período en el cual lloraba... lloraba y decía una y otra vez, "¡Todo es verdad; todo es verdad!". Con esto explicó la extensa perspectiva de la realidad que había empezado a investigar. HABÍA otros estados superiores de conciencia y otras formas de percibir la realidad. Había una más profunda e implícita Realidad hacia el universo, hacia el cosmos. Ahora sabía simplemente que era verdad, y lo sabía de una forma que no podría haber imaginado de otro modo. Era un profundo "conocimiento" experimental, una innegable certeza imposible de describir.

Tenemos un yo interior o superior que es inmortal y un yo inferior que muere, pero una esencia o aspecto de la personalidad permanece. El propósito de nuestro universo tridimensional y de la vida humana es empírico, una forma de experimentar ciertas cosas. Sin embargo, los detalles específicos de lo que sucede aquí en la tierra, los detalles específicos de nuestras vidas, no parecen significantes en un sentido absoluto para los seres superiores, ese "nosotros" que me hablaba. Tenía la sensación de que este "nosotros" era como una comunidad de "almas" que observaba y experimentaba ciertas cosas a través de nosotros. No importa lo que pasó, no importa cuánto sufrimiento causó, no importa cuán confusas o sombrías puedan parecer las cosas, al final, todos estábamos completamente seguros.

Pregunté, "¿por qué existe un universo?". Me "respondieron" que había una serie infinita de creaciones yendo de aquí para allá. No había sólo una red de creación, sino varias series de ella. Me pregunté a mí mismo, "Por qué existe un universo?". Medité otra vez en la explosiva frase: "Dios es Mente". Luego, increíblemente me sentí en esa mente. En ese lugar, no había tiempo, ni espacio. Todo, toda la realidad estaba en la Mente, ¡qué aún así era ilimitada! Había inconcebibles redes de actividades entrelazadas. Todo estaba interrelacionado en ella. Tengo que notar que la palabra "mente" es sólo una interpretación verbal conceptual. Lo que estaba allí era algo mucho más grande de lo que generalmente connota el término. Nuestras *mentes son menos que una sombra de ella. Posee atributos y habilidades mucho más allá de aquellas que nuestra conciencia normal puede asimilar o manejar. Fue un privilegio y un regalo increíble haber visto esto.*

Como resultado de esta cadena de acontecimientos, me vi cara a cara con un enorme boquete entre la perspectiva más amplia de la realidad presentada a mí y lo que veía que estaba sucediendo a mi alrededor. Todos vivían las cosas con perspectivas limitadas en un mundo obtuso, abatido, casi comatoso, enredado automáticamente en interminables series de actividades, incluyendo muchas diseñadas para producir una especie de falsa conmoción que cubre la tediosa monotonía.

En mi trabajo cotidiano en una organización de ingeniería aeroespacial, vi con claridad que debido a las limitadas perspectivas de la realidad que tenían las personas, incluyendo a ellas mismas, se implicaban en egocéntricos motivos políticos, se volvían adictos al status y al control, se dejaban llevar por el dinero y cuestiones de mérito, etc. Habían logrado muchas cosas, pero debido a que estaban implicadas en asuntos tan insignificantes y limitados, también creaban interminables conflictos y problemas innecesarios, sufrían de frustraciones, emprendían actividades mal asesoradas, trabajaban deficientemente y carecían de visión.

Y en general, vi con mucha más claridad cómo esto era verdad en todas partes. Debido a que estamos sumidos en limitadas e insignificantes perspectivas de nosotros mismos, de los demás y del mundo, no vivimos eficazmente. Creamos inadvertidamente dificultades innecesarias por doquier y a todo nivel —en nuestras familias, en nuestros vecindarios, lugares de trabajo, países y en todo el mundo.

Por otra parte, parecía muy claro que si podíamos vivir con la perspectiva más amplia y más completa que yo había experimentado, tenderíamos más a evitar muchos de nuestros conflictos, problemas y frustraciones. Por lo menos, estos serían menos graves o podríamos resolverlos mejor. Podríamos alcanzar estados superiores, más interesantes, más vitales, más agradables, más nobles y más regocijantes. De hecho, noté que las personas que abordaban de alguna manera esta clase de perspectiva (así estuvieran completamente conscientes de ella) tendían a vivir y trabajar más eficazmente, redundado en el interés de toda una empresa, y no sólo en el de ellas. Veían más prontamente la sinceridad de las cosas y tomaban una acción *más honesta y efectiva. Me di cuenta de que existía un mundo desconocido virtualmente oculto al que sólo había que saber Ver.*

Evidentemente, detrás de la cotidiana y mundana realidad, lo que está sucediendo en el universo es de hecho un proceso asombroso, sin tiempo y sin límites, que luego es traducido y reflejado por nuestro mundo normal en una estructura simplificada, casi trivial, mediante la cual podemos ver, experimentar y entender las cosas en cierto grado.

Desde entonces he llegado a entender que mis experiencias y discernimientos eran sólo indicaciones visuales menores relacionadas con lo que es finalmente posible para cualquiera de nosotros los humanos. También llegué a entender humildemente, que dichos discernimientos no significan estar a un corto camino de hacer efectivas sus implicaciones en la vida diaria.

Sin embargo, a pesar de todas nuestras iglesias, sinagogas, mezquitas, filosofías y mitologías, difícilmente cualquier persona con la que haya tenido contacto vería esto, además noté la enorme resistencia cultural que ofrecía este hecho. Me di cuenta de que a pesar de los mucho logros de la sociedad occidental, algunas de las creencias y características que ésta fomenta y valora no sólo promueven conflictos y problemas innecesarios sino que también inhiben nuestra búsqueda de la perspectiva más amplia, que es la forma de resolver nuestros problemas.

Dependemos mucho de la ciencia occidental como el único juez de la verdad. Nuestras creencias glorifican búsquedas y motivos limitados y egoístas y se centran excesivamente en el dinero y en las propiedades. Mientras permitamos que estas creencias y valores guíen nuestras vidas y definan nuestro mérito, oscureceremos la perspectiva más amplia y seguiremos siendo presos de las limitaciones. Por eso, para buscar genuinamente una perspectiva más amplia, algo tiene que sacudirnos. De alguna forma necesitamos percatarnos de que estamos llenos de limitaciones, de que algo está fallando, de que hay algo tan equivocado, que cuestionamos y examinamos profundamente nuestras creencias y perspectivas del mundo, así como también lo que nos impulsa o motiva.

Además, por experiencia propia, he notado que incluso si buscamos y de hecho nos las arreglamos para vislumbrar una perspectiva más amplia, aun así necesitamos examinar continuamente, incluso más profundamente, las creencias, los motivos y las perspectivas del mundo que yace detrás de nuestro comportamiento y pensamientos más mundanos. Por el contrario, como los santos nos dicen, debido a que los vislumbres iniciales de las realidades más amplias e implícitas tienden a ser cortos y temporales, fácilmente permanecemos o regresamos a nuestros métodos antiguos. A menos que hagamos un esfuerzo verdadero y constante por desarraigar lo viejo y ayudar a que lo nuevo tome su lugar, nuestras creencias, hábitos y motivos seguirán tendiendo a dominar nuestros pensamientos y acciones diarios.

A diario, me acordaba humildemente de esto por medio de mis pensamientos y acciones. En poco tiempo he notado que a pesar de las espontáneas, gloriosas y trascendentales visiones, la verdadera y permanente transformación requiere limpiar continuamente las inmundicias de la vida cotidiana.

Todos tenemos nuestras propias ventanas hacia el universo y para nuestra propia reflexión del universo que vemos.

La mía es una historia antigua, una historia perdurable contada infinitamente de interminables formas por los fundadores de religiones, santos, sabios, profetas, chamanes, poetas y filósofos desde tiempos inmemoriales hasta el presente, por todas las culturas y en todos los países.

Esta es una versión editada de un elaborado y detallado comunicado que Barry inicialmente me envió por correo. Su historia me conmovió profundamente y el misterioso parecido con mi experiencia me dejo atónita. Pero quiero enfatizar que su historia personal y otras que son similares no deben tomarse como excepcionales o sobrenaturales de ninguna forma, sino como un incidente normal y resultado de la evolución y crecimiento natural del espíritu.

Antes de este acontecimiento, Barry había escuchado declaraciones hechas sobre otros estados de la conciencia y de otras formas de realidad además de la normal. Pero debido a su trabajo científico, había permanecido escéptico. Lo que hace que la historia de Barry sea tan creíble y plausible es el constante examen de conciencia que se lleva a cabo durante estas ordalías. Él reacciona con asombro y humildad cuando se encuentra con la Mente Universal y abriga una saludable introspección e investigación de si las percepciones son reales o imaginarias. Las personas que sufren de alucinaciones y son sicópatas por lo general no cuestionan ni dudan de sus falsas impresiones.

Aún más importantes, más allá del fenómeno de la exaltación y del regocijo que puedan acompañar a estos estados, son las transformaciones, los despertares y el entendimiento que germinaron a raíz de dicho encuentro. Barry y yo continuamos siendo amigos, me cuenta que aún sigue con su odisea, durante esta vida y para siempre.

Una concienzuda explicación de las complicadas diferencias clínicas existentes entre los estados verdaderamente psicopatológicos y los eventos místicos auténticos supera el alcance de este libro. Sin embargo, quiero describir los elementos básicos y la esencia de la experiencia mística.

Mi investigación y repaso de relatos reportados como experiencias místicas, tanto antiguas como contemporáneas, ha revelado que ciertas comunidades comparten las experiencias más auténticas. Los siguientes son temas y repercusiones prevalecientes y reiterativos:

- Se acepta un conocimiento claro de una inteligencia que supera y trasciende todos los sistemas de creencia existentes;

- La experiencia es inesperada y temporal, y no puede ser forzada;

- El mundo exterior de repente se percibe de manera diferente que antes. No parece separado, sino unificado. Prevalece una percepción de concordancia y universalidad;

- La experiencia produce una sensación de renovación y renacimiento con un incremento en el sentido de propósito y significado;

- Después de la experiencia, prevalece una fuerte convicción y fe en un poder superior. El contacto con la Mente Universal clarifica nuestra posición en el cosmos;

- Se inculca una certeza y confianza en la inmortalidad. Cuando se vislumbran reinos superiores, entendemos que la conciencia no muere y que sólo el cuerpo físico en sí, es temporal; y

- Sobreviene una extraordinaria e ilimitada expansión del intelecto y un flujo de conocimiento.

Aunque muchos sucesos misteriosos y paranormales tales como la clarividencia y los fenómenos psíquicos son muy reales, de todas maneras son muy diferentes a las experiencias descritas arriba.

En medio de mi búsqueda de información y anécdotas de experiencias místicas, me encontré con un legendario y clásico ejemplo de lo divinamente anormal: Santa Juana de Arco. La historia de su vida ilustra las pruebas, tribulaciones y estigmas que generalmente atormentan a las personas que han experimentado estados superiores de conciencia.

La historia ha registrado meticulosamente el relato épico de Juana, una campesina analfabeta del Siglo XV que a los catorce años comenzó a escuchar voces y a tener visiones. Empezaron inocentemente en el verano cuando estaba en el jardín de su padre. Al principio sintió mucho temor, pero hacia el tercer episodio se convenció de que era la voz de un ángel guardián enviado para ayudarla y guiarla. Dudaba en contárselo a alguien, incluso al sacerdote de la parroquia.

Juana dejó una declaración detallada y precisa de sus experiencias, afirmando que las voces se originaban en su costado derecho y estaban acompañadas por una luz brillante. La voz le decía repetidamente que ayudara al rey de Francia.

A los diecisiete años y sin siquiera saber montar a caballo, estaba al comando del ejército francés. A los diecinueve, fue capturada y llevada a juicio por herejía.

A lo largo del juicio, Juana fue golpeada y castigada por afirmar escuchar "voces". Declarando una profusa fe en Dios, se rehusó a recontar cualquier cosa que consideraba santa y verdadera. Trágicamente, fue declarada hereje y fue condenada a ser quemada viva en la hoguera. Murió pronunciando el nombre de Dios. En el año 1920, fue canonizada como santa.

En una interesante nota, uno de mis libros favoritos de la infancia, *Horton Hears a Who* del Dr. Seuss, ilustra con una narración la agitación potencial y las penurias que puede desatar lo divinamente anormal. Quizá incluso cuando niña, sentía que esta historia se aplicaría a mí de alguna forma mágica en el futuro. Es la historia de Horton el elefante, que mientras vivía felizmente en la selva, de repente empezó a escuchar una voz tenue. Miró hacia donde escuchó el sonido pero no vio nada. Pero volvió a escuchar la voz —apenas un débil pedido de ayuda. Horton miró y miró pero sólo pudo ver una pequeña partícula de polvo que pasó junto a él volando por el aire. La levantó con su trompa y la colocó sobre un trébol muy blando. Todos los demás animales de la selva comenzaron a reunirse a su alrededor. Se rieron y se burlaron, pero él seguía convencido de que había escuchado esa tenue voz. Horton empezó a conversar con la voz y descubrió que existía una ciudad llamada *Whoville* dentro de esta partícula de polvo y que estaba hablando con el alcalde de la ciudad.

Los monos y los canguros lo llamaron tonto y siguieron molestándolo. Pronto, una perversa águila cayo en picada, se robó la partícula de polvo y se marchó con ella en el pico. Horton persiguió al ave sobre escabrosas montañas y le pidió que no lastimara a sus pequeños amigos. Pero la cruel águila arrojó el trébol que contenía la partícula en un sembradío de tréboles de cientos de kilómetros de extensión.

El pobre Horton escudriñó el campo, examinando cada trébol y llamando a su amigo el alcalde. Cuando había revisado tres millones de tréboles, agotado pero radiante de felicidad, por fin encontró la partícula de polvo. Los demás animales ya habían tenido suficiente. Decidieron atarlo, enjaularlo y freír la partícula en aceite. Horton convenció a los habitantes de *Whoville* para que hablaran fuerte y los pudieran escuchar. Pero a pesar de que todos comenzaron a gritar lo más fuerte que podían, los otros animales no llegaron a escucharlos.

Encerraron a Horton, lo golpearon y lo ataron con cuerdas. No obstante este tratamiento, Horton seguía insistiendo en que sus amigos estaban vivos y habitaban dentro de la partícula. Fue inflexible en sus convicciones y estaba dispuesto a morir por ellas. Finalmente, el alcalde de *Whoville*, sabiendo que este es el momento más difícil de la ciudad, encontró a un niño para que subiera hasta lo alto de una torre y gritara tan fuerte como pudiera.

Súbitamente, los demás animales de la selva lo escucharon. Esa pequeña voz hizo la diferencia y ahora, por fin, todos supieron que era verdad. Realmente existía una

Whoville. Desde ese día todos prometieron proteger la ciudad. Dejaron libre a Horton quien se convirtió en un héroe.

Este es un conmovedor cuento de hadas que trata sobre lo divinamente anormal y sobre el poder individual. Debido a que Horton estaba dotado de esas grandes orejas, podía escuchar cosas que otros no podían. Gracias a su "equipo", tenía acceso a otro nivel de sonido más allá del rango de los demás. En nosotros sucede lo mismo. Sólo necesitamos sintonizar bien nuestra maquinaria humana para poder atravesar la fachada que creemos nos separa de la vasta e inigualable belleza de los reinos de otras dimensiones.

Por razones aún no claras para mí, mi conciencia había entrado en el portal nebuloso que lleva a estas regiones y podía percibir cosas que no podían percibirse por medio de los cinco sentidos normales. Al igual que Horton, cuando discutía mis inusuales discernimientos con mis colegas, era excluida y ridiculizada. A diferencia de Horton, al principio no tenía una fe firme en mis percepciones. La historia de Horton es un ejemplo maravilloso, pero simplista de lo divinamente anormal.

Ya sea que la historia corresponda a una persona de nuestros tiempos, como Barry, a una figura histórica como Juana de Arco o a un personaje de caricatura como Horton, cada una representa lo divinamente anormal y las cargas que pueden acompañar dicho don.

¿Qué pasaría si la conciencia mística y la comunicación directa con seres que viven en los reinos de otras dimensiones se aceptaran y fueran algo "normal?". Sólo imagínese la conversación: "Oye, ¿supiste lo de Laura? El otro día estaba hablando con su consejero y ¡recibió un consejo maravilloso!".

La humanidad debe dar un colosal salto de fe, para que esa charla imaginaria ¡pronto se convierta en realidad!

Encontrarse a usted mismo significa encontrar a los demás

Considera al mundo como si fueras tú mismo. Ten fe en las cosas tal como son. Ama al mundo como a ti mismo y entonces todas las cosas te importarán.

—*Lao Tsé*

Aquí concluye la curiosa historia de mi primer encuentro con la Mente Universal, que constituyó una culminación valiosa y la iniciación de un génesis nuevo y fundamental. Cuando arrojé el ancla cuidadosamente esculpida en una fe blindada, en la oceánica providencia de Dios, ésta atravesó la superficie y se hundió en las regiones más profundas de la divinidad y permanece ahí, sostenida únicamente por mi devota pasión y me determinación pertinaz de permanecer conectada a mi Fuente.

Éste parece ser un momento oportuno para recolectar y juntar todo el conocimiento que he obtenido acerca de la interrelación entre la humanidad y el Universo, entre micro y el macrocosmo, y poner en práctica esas realizaciones. En todo proceso de crecimiento personal, inevitablemente las preocupaciones acerca de nuestra propia evolución individual conllevan al reconocimiento de que la evolución del Todo tiene mayor importancia. Cuando eso sucede, necesitamos virar nuestra atención, alejándola del egocentrismo y comenzar a buscar un Centro más universal.

Finalmente, yo había comenzado a comprender los obstáculos y las barreras que impiden que la mayoría de nosotros accedamos a las regiones místicas y veamos la realidad. Conocer y manifestar la naturaleza de nuestras almas debería ser algo natural, entonces ¿por qué no lo es?

La respuesta está en el lamentable hecho de que nos hemos disgregado de la naturaleza, de nosotros mismos y de nuestra Fuente, para fundirnos en una sociedad supremamente desconectada del sentido de unidad. Hemos sido absorbidos progresivamente por nuestras heridas emocionales, los desesperados intentos por reforzar nuestros egos envolventes, los melodramas personales cotidianos, el deseo ilimitado de bienes materiales y la infructuosa búsqueda de la felicidad, así como del significado y el propósito de la vida, en los lugares menos indicados. Si alejamos nuestra atención de estas preocupaciones estériles para enfocarla en aspiraciones más pragmáticas, podremos transmutar una vida mediocre en una mágica.

Las experiencias que yo he tenido, aunque nos parezca increíble, han ocurrido desde el surgimiento de la humanidad y están ocurriendo con más frecuencia ahora que antes. Lo que en realidad somos es la Conciencia, y es lo único que queda cuando culminamos el ciclo de vida en el cual nos encontramos ahora. No deberíamos considerar un sueño imposible la posibilidad de experimentar a nuestro propio ser.

¿Qué se interpone en el camino? ¿Qué debemos hacer exactamente para alimentar, nutrir y apoyar la conciencia mística o contactar a nuestras almas? La búsqueda de Dios no debe ser tomada a la ligera. Se puede desarrollar la habilidad de contactar ese lugar dentro de usted que es un fragmento del Todo, pero ello requerirá cambios numerosos y tal vez hasta radicales en su vida, una gran cantidad de disciplina y una intención excesivamente sincera.

Siete sugerencias para el alma: Buscando la Fuente

A lo largo de los años he descubierto varios ejercicios prácticos que pueden ser sumamente útiles para cruzar el umbral que nos conduce a los estados superiores de la conciencia. En la medida en que usted se dedique a estos principios y se esfuerce de todo corazón para llevar una vida espiritual, en esa misma medida podrá alcanzar los beneficios que ellos aportan. Le he preparado un croquis, un mapa de relieves para que lo siga. Contiene los requisitos más básicos y fundamentales, y está diseñado sólo como un punto de partida. Espero que le sea útil.

I. Viva cada día a plenitud

Ejercicio uno. Aprenda a despertar las partes "dormidas" de usted mismo. Recuerde que la única y verdadera dueña del cuerpo es su alma. Entrénese para estar en total alerta mental, intuitiva y espiritualmente durante todo el día —desde que se levante por la mañana hasta que se vuelva a acostar. Visualícese a usted mismo y a todos los que le rodean, como lo que en realidad son: Seres inmortales de luz, todos surgidos de la misma fuente de Luz. Por ejemplo, mientras conduce en el tráfico, deje de pensar en el estresante "nosotros" contra "ellos", y dígase a usted mismo, "Tranquilo, sólo existe el NOSOTROS".

Ejercicio dos. Préstele atención y siga las percepciones internas y más profundas que brotan espontáneamente desde la sabiduría del alma o de la guía de su Maestro. Recuerde que ya todo existe en el universo, en algún reino insondable. Sólo debemos ser inspirados e imaginarlo. Por ejemplo, la energía atómica siempre ha existido, pero sin la comprensión consciente no podemos aprovechar su utilidad. Escuche a la voz interna que abanica provocadoramente las llamas de la revelación.

Ejercicio tres. Intente el siguiente ejercicio sencillo para desarrollar la observación consciente. Escoja un lugar y un momento de tranquilidad. Realice varias respiraciones profundas y relájese completamente. Escoja un objeto en la naturaleza o en su hogar que le sea común, pero que normalmente pasa inadvertido. Puede ser una fruta, una hoja, una vasija, un insecto o una flor (preferiblemente algo natural). Acérquese mucho a él y concentre toda su atención sobre este objeto con la fervorosa intención de mirarlo como si fuera la primera vez.

Quite de su mente cualquier noción preconcebida y penetre con pasión y sin reserva dentro de esta sustancia. No permita que nada desvíe su atención. Lo más seguro es que comience a ver los detalles intrincados y complejos, así como las cualidades sutiles que hacen que sea único ese objeto. Trate de apreciar la milagrosa y característica inteligencia humana o divina involucrada en su creación. Si es manufacturada, piense en la persona que la hizo y en todas las personas que participaron en su creación. Si es un árbol, contemple la forma en que él respira, inhalando dióxido de carbono y exhalando oxígeno, así como la relación simbiótica entre usted y esta entidad del mundo vegetal. Visualice mentalmente su origen, la pequeña semilla y toda la profunda ingenuidad que hay detrás de la construcción de toda la flora elaborada y adornada.

Trate de usar todos sus sentidos cuando observe ese objeto. No lo observe únicamente; si le es posible, huélalo, tóquelo y saboréelo. Mientras lo examina, piense en el efecto que puede tener en usted. Dé las gracias por su existencia. Recuerde que él está constituido de la misma sustancia atómica que usted y, por lo tanto, es parte de usted.

Si usa el mismo método introspectivo para contemplarse a usted mismo, podría comenzar a infiltrarse en las profundidades de su ser. Ahí yacen los mismos diseños y detalles intrincados y complejos que observó en el objeto. Podrá ver sus virtudes y sus defectos. No tenga miedo de hacer un inventario de ambas. Busque su corazón. Busque su alma.

Al practicar la contemplación profunda y aplicarla a su vida diaria, se está entrenando para "ver". Eso cambiará su visión de una forma tal, que aun las cosas más comunes y usted mismo, aparecerán como si tuvieran cualidades sagradas y celestiales.

Ejercicio cuatro. Permanezca completamente consciente de que absolutamente TODO lo que existe, está aquí para beneficiar a la humanidad. Ésta es la más completa gracia y bendición que concede esta Fuente incondicionalmente benévola. Lo que sea existe bien para ayudarnos a nuestra supervivencia o simplemente para brindar belleza a nuestras vidas. No hay nada de lo que usted pueda ver o tocar que no haya sido creado para asistirnos y apoyarnos. Siempre conserve ese pensamiento con agradecimiento en su mente. Desconecte su sistema de "piloto automático" y recuerde caminar con la Mente Universal con gran reverencia, compresión y reconocimiento.

Ejercicio cinco. Visualice al *chi* o "aire danzante" a su alrededor. Con concentración y paciencia, podrá observar este milagro de la naturaleza. En un día soleado con un cielo despejado (es mucho más difícil en un día nublado), dele la espalda al sol y enfoque sus ojos a unos pocos metros de usted. Relájese y permanezca concentrado en la claridad del cielo y pronto podrá observar estos puntos luminescentes.

II. Practique la paz

Ejercicio uno. Haga el compromiso, como un ideal decisivo, de no dañar a ningún ser vivo, incluido usted mismo. No cause ningún daño ni de palabra ni de acción. Aun los pensamientos negativos son dañinos porque son energía física. Mantenga un estado mental que revise y evalúe constantemente sus pensamientos y emociones para que incorpore, a la medida que le sea posible, una actitud amorosa y compasiva.

Ejercicio dos. Haga un esfuerzo especial para no dañar a nada en la naturaleza y protéjala como si fuera su propia hija. Somos los guardianes de la tierra y somos responsables de su salud y bienestar. En recompensa, ella nos proveerá muy cooperativamente una cornucopia de abundancia para todos nosotros.

Ejercicio tres. Practique el perdón. Comprenda que la conducta dañina de las otras personas no significa que sea personal. Podría ser que simplemente usted estaba en la línea de fuego del desequilibrio momentáneo o crónico de esa persona. Guardar resentimientos y hostilidad, es más dañino para la persona que los siente.

Ejercicio cuatro. Diga siempre la verdad, sin importar la situación. Las mentiras siempre son dañinas, incluso para su propia salud. Los detectores de mentiras pueden dilucidar los engaños porque las mentiras producen un rompimiento entre el alma, que no puede mentir, y la personalidad, que sí lo puede hacer. Nuestra bioquímica y toda la fisiología se alteran, porque mentir va en contra de nuestra verdadera naturaleza. Todo lo que hagamos que vaya en contra de nuestro espíritu y las fuerzas naturales, nos es perjudicial.

Ejercicio cinco. Evite toda contaminación de la mente. No participe en el engaño de la sociedad que considera a la violencia como un entretenimiento. No vea las películas de cine o televisión que idealicen y hagan ver la violencia de forma romántica. Esto puede afectar profundamente su bioquímica, generándole mucho estrés que podría realmente cambiar la estructura física y química de su cerebro. Cuando observa una película violenta y se siente mucho estrés por ella, está segregando hormonas dañinas, especialmente la corticotropina, la hormona maestra del estrés, se dañan células vitales y se pueden quebrar las conexiones entre las regiones del cerebro. Continuar sometiéndose usted mismo a ese bombardeo de violencia visual, no sólo no le lleva a niveles superiores de conciencia, sino que también es potencialmente muy dañino para la fisiología.

Exponer a los niños a la violencia en forma prolongada y frecuente les resta sensibilidad y les hace considerar "normales" los actos aberrantes. En promedio, un niño en los Estados Unidos ha visto ocho mil asesinatos y cien mil actos de violencia para el momento en que sale de la escuela primaria. Ver repetidamente imágenes de personas salvajes y asesinas con el tiempo anima a los niños a reflejar esa imagen. *Cocoon* la famosa película de ciencia ficción producida por Ron Howard, trata de seres luminosos inteligentes, pacíficos, angelicales y telepáticos. Esta imagen es en realidad muy cercana a la verdad de cómo somos nosotros. Entre más precisos seamos con nosotros mismos y con nuestros hijos acerca de la verdad de nuestra real naturaleza, será más fácil que realmente la manifestemos y personifiquemos.

III. Escuche el lenguaje de la Mente Universal

Aquellos que sientan o realicen la presencia de la Mente Universal ya no estarán solos en el mundo. Dejan de tener que solucionar sus problemas sin la ayuda de un guía. La noción de que lo Divino está presente en todo y que es nuestra escolta y consejero constante puede eliminar la dolorosa sensación de la soledad. Con conciencia y sensibilidad, busque las señales, el sincronismo y los símbolos que son las señales luminosas que debe seguir. Camine siguiendo el rastro de las pisadas o las impresiones de dedos que son el residuo de la Gracia divina. Ella le hablará en forma de sueños, de sucesos o de la naturaleza. Escuche cuidadosa y atentamente.

Comience a modificar su conciencia para que pueda visualizar a la vida como una metáfora, como mensajes simbólicos continuos que enseñan sus lecciones a través de sucesos alegóricos. Recuerde que la Mente Universal nos habla directamente, pero en un lenguaje críptico y metafórico. Aprenda a interpretar los objetos y las experiencias, considerando que tienen un mensaje propio y único, destinado sólo para usted. Esta labor de develar las verdades ocultas requiere de una mente abierta, receptiva y sin prejuicios.

Ríndase y sométase al flujo natural de la vida, en vez de tratar de controlarlo. Incorpore la afirmación "Hágase tu voluntad, mas no la mía" en su vida diaria.

IV. Simplifique la vida

Practique la simplicidad voluntariamente. Trate de recordar siempre que en realidad no somos "dueños" de nada, ni de la propiedad que hemos comprado, ni siquiera de nuestro cuerpo. Todo nos es prestado durante nuestra breve permanencia en el mundo físico. De hecho, nadie se lleva nada cuando se le ha terminado su tiempo. Reevalúe sus prioridades para generar una mejor calidad de vida interior y no una enorme cantidad de posesiones. Descubra la libertad que brinda el vivir una vida sencilla. Considere su salud mental, física y espiritual como lo más importante.

Sin un sentimiento de autoestima genuino y firmemente establecido, es prácticamente imposible tener felicidad, dicha y paz mental. Canalice su energía hacia la acumulación de riqueza interior, valorándose por ser hijo de Dios, más que por los accesorios externos o la profesión. Entrénese en ser más calmado. No es posible tener conciencia mientras se abalance a toda velocidad por la vida.

V. Cuide el cuerpo y fortalezca la mente

Prestarle atención a esta práctica es más importante de lo que la mayoría de personas comprende. Considere su cuerpo como un recinto sagrado, porque eso mismo es. Su forma física es la envoltura y el vehículo para que su alma se manifieste.

Es importante estar en sintonía física con la naturaleza, pero infortunadamente, la sociedad occidental se ha apartado de la dieta que estábamos claramente destinados a llevar. Estamos provistos con todo lo que necesitamos —vegetales ricos en nutrientes, granos y raíces de la tierra, frutos de los árboles, peces del océano y agua fresca para beber. Sin embargo, nos hemos desconectado de la fuente de alimentos, de la cual dependemos para sobrevivir. Los alimentos rociados con pesticidas tóxicos que son cosechados para luego ser saturados con más productos químicos potencialmente letales y finalmente bombardeados con radiación probablemente no son lo que Dios tenía en mente en el momento de la creación. Estas prácticas, que ahora son procedimientos normales, destruyen la fuerza vital de los alimentos y producen mucho estrés en nuestros cuerpos, los que, de no ser revisados, con el tiempo nos agobiarán con una proliferación de enfermedades nuevas o ya existentes.

Éste es sólo otro ejemplo de cuanto nos hemos alejado de lo que normal y natural. Entre más nos alejemos de la senda que la naturaleza diseñó, más lejos estaremos de unirnos profundamente a nuestra Fuente. Niéguese a deshonrar su propio cuerpo, esforzándose en mantener un régimen alimenticio saludable y libre de todo producto químico.

Asegúrese de hacer mucho ejercicio, tomar un buen descanso y recibir bastante luz solar.

VI. Meditación, soledad y oración

Meditación

Hasta ahora, la meditación es la práctica espiritual más beneficiosa. La meditación diaria es la mejor manera de pavimentar la senda para profundizar en conocimiento del ser, de hacer contacto directo con su propio espíritu y moverse hacia una armonía más estrecha con los Maestros y la Mente Universal. El desarrollo de una afición hacia la meditación diaria, acelera la elevación de las energías más bajas o primitivas (tales como el instinto de supervivencia) hacia fuerzas elevadas y fortalecedoras, a la vez que ayuda en el perfeccionamiento de los procesos de transmutación. Ella aporta sinergia a la alineación del alma y la personalidad, para que estén coordinadas y puedan trabajar juntas en forma más armoniosa.

La meditación acelera la obtención de un equilibrio interior balanceado de manera consistente e incrementa el acceso a la conciencia superior. Es la vía de entrada más efectiva para buscar la Fuente. La práctica diaria promueve las sensaciones de calma, unidad, trascendencia y sensibilidad espiritual, lo cual se traduce en una mejor salud física.

Destine quince minutos una vez al día si está comenzando o treinta minutos si tiene experiencia con la meditación. Es mejor en la mañana. Levántese más temprano si es necesario. Escoja un lugar tranquilo, preferiblemente el mismo lugar todo el tiempo, para que su propia energía electromagnética se aumente y acumule en esa área, facilitando las meditaciones subsiguientes.

Escoja una posición sentada que le sea cómoda y tranquila y mantenga silencio absoluto. Si es necesario, apoye la espalda y coloque las manos una sobre otra suavemente, sobre su regazo. Con los ojos cerrados, tome varias respiraciones profundas. Concéntrese en el hecho de que físicamente forma parte de la conciencia divina y que simplemente está buscando fundirse con su ser superior y su Fuente, que son una sola y misma cosa. Introdúzcase en la verdadera naturaleza del Ser.

Ejercicio uno. Después de que se ha relajado completamente, visualice una flor de cien pétalos blanca e iridiscente cerrada en el centro de su pecho y sobre su corazón. Imagine cómo se va expandiendo y abriendo lentamente con una mezcla de azul eléctrico y dorado que da vueltas formando un remolino alrededor y a través de usted. Trate de mantener la imagen durante varios minutos.

Ejercicio dos. Concéntrese en la virtud que más le agrada. Ahora, concentre su atención en la obtención de esa virtud. Cada mes durante un año continúe añadiendo más cualidades hasta que haya erigido claramente una concepción de su ser ideal. En vez de buscar externamente a alguien que encarne el estándar de excelencia que usted admira, es mejor crear dentro de usted esas virtudes que le parecen importantes de poseer.

Ejercicio tres. Concéntrese en su respiración durante quince minutos. Dirija su pensamiento a ver las inhalaciones y exhalaciones calmada y objetivamente.

Ejercicio cuatro. No haga nada. No piense nada. Sólo permanezca así.

Se requiere paciencia y perseverancia para lograr los beneficios de la meditación. La clave para el progreso es el esfuerzo prolongado y perseverante. No existen atajos. La meta de la meditación es llegar a tener la capacidad de controlar la mente para que deje de ser el "tren del escape" activado por las emociones. Sólo entonces es posible permanecer en un estado meditativo de unidad y conciencia durante todo el día y tejer esta sensación de afinidad en la colcha de la vida diaria.

Soledad

Paradójicamente, estando en la soledad, es cuando menos solos estamos. Es en la soledad que existe una mejor posibilidad de colaboración y convergencia entre usted mismo y su Fuente. Lo que ocurre dentro de nosotros cuando estamos solos es tan importante como lo que ocurre durante las relaciones interpersonales y debe ser valorado y buscado con igualdad. Cuando se eliminan las distracciones, las cualidades latentes y creativas propias pueden salir a flote y ser llevadas hacia su manifestación. Es un momento que está lleno de posibilidades.

En el silencio de la soledad, es más fácil establecer firmemente y fortalecer las importantísimas "relaciones verticales" con los Maestros y la Mente Universal. Estas relaciones eternas, que simbólicamente ascienden en forma progresiva, son inmutables e invariables. Todas las demás relaciones en el mundo físico o "relaciones horizontales", porque son figurativamente lineales en un único nivel, son también vitalmente importantes, pero, generalmente, no tan firmes e incondicionales. Las relaciones horizontales prosperan si son alimentadas con tiempo, dedicación y amor. Las relaciones verticales también prosperan con el mismo esfuerzo, pero la diferencia es que son alimentadas mejor en la soledad.

Dedique tiempo a ambas clases de relaciones, las temporales y las celestiales, y considérelas iguales. Permanezca solo para darse cuenta de que no está solo.

Oración

La oración es un acto profundamente íntimo. Es una conexión entre las mentes, entre su propia mente única e individual y la Mente Universal. Es una unión con la Fuente. Aunque la oración grupal puede involucrar a muchas personas, tiende a ser aún más poderosa que la oración solitaria, porque la hermandad del grupo incrementa la aceptación de la universalidad de todo el mundo y de todas las cosas.

Haga que todo en su vida sea una oración. Los milagros pueden ocurrir. Ore por ellos. Tenga fe de que la Mente Universal registra y responde a sus pensamientos. Hable con su Fuente, con la esperanza de establecer un diálogo. Sea receptivo. Cuando sienta miedo, ore porque le ayuden a transmutar el miedo en fe. Ore con sus oídos expectantes. Busque encontrar su Fuente con un deseo inextinguible.

No hay un momento más poderoso y fértil para la emergencia de la espiritualidad que la quietud y calma de la meditación, la soledad y la oración.

VII. Servicio a la humanidad

Practique la buena voluntad. Se podría preguntar: "¿A quién puedo ayudar?" o "¿Qué debo hacer?". El servicio a los demás no consiste en actos momentáneos que cambien al mundo. Las cosas más sencillas y espontáneas pueden crear una diferencia tangible. Abrirle una puerta a alguien, sonreírle a un extraño o dejar que alguien pase delante de usted en una fila son actos de gentileza sutiles y casuales que pueden tener el potencial para transformarlo al igual que el mundo que le rodea. Note cómo se siente cuando ayuda a alguien o a algo en necesidad. El servicio a la humanidad es el ingrediente culminante en la receta para que la vida tenga un significado y un propósito.

El servicio a los demás es una actividad que es una manifestación reflexiva de nuestra alma. Es nuestra verdadera naturaleza expresada por medio de la conducta. Los impulsos naturales del alma son tan fuertes o más fuertes que el instinto reproductivo inherente al cuerpo. El reprimir a cualquiera de ellos puede traer repercusiones adversas y nada saludables.

Concentre su atención en hacer felices a los demás en vez de a usted mismo y en dar amor en vez de recibirlo. El dar recompensa mucho más. Sirva, dispersando dicha. Ese sólo acto puede brindar una ayuda grande y profunda a los demás.

Imagínese de cien años de edad, sentado en una silla mecedora, sopesando su vida y a punto de abandonar el mundo físico. ¿Qué le gustaría decir acerca de la contribución que le hizo a la humanidad durante su vida? Su primer pensamiento es el más importante. Sígalo plenamente y haga realidad sus sueños. Lo que sea que ambicione, lo puede lograr.

Todas las noches, revise sus actividades del día. ¿Cómo califica los logros del día? Pregúntese: "Si todo el mundo fuera igual que yo, ¿cómo sería este mundo?" Visualice un mundo utópico y entonces, viva como si fuera parte integral de él.

Quizás ya haya incorporado exitosamente muchas de estas sugerencias en su vida y aún no ha experimentado la comunión directa con la Mente Universal. Por favor, tenga paciencia. Es importante no concentrarse en esos resultados específicos, sino en cambiar su vida, para que su mentalidad espiritual se traduzca en una conducta constante que refleje su verdadera naturaleza y esencia. Lo más importante es la calidad de la vida que está viviendo y la continua evolución de su alma.

Todas las oportunidades en la vida representan una posibilidad dorada para actuar divinamente. Estas sugerencias pretenden proveer sólo algunas vías prácticas para descubrir los nexos entre usted mismo y el eslabón misterioso que nos une a todos. Encontrarse a usted mismo significa encontrar a todos los demás. Cuando lo logre, también estará cara a cara con su propia Fuente.

Epílogo

No existen los fenómenos innaturales o sobrenaturales, sólo vacíos enormes en nuestro conocimiento de lo que es natural... Deberíamos esforzarnos por llenar esos vacíos de ignorancia.
—Edgar Mitchell, Astronauta del Apolo 14

Este libro comenzó con una pregunta. ¿Eran esos sucesos imprevistos que experimenté el resultado de la locura o del misticismo? ¿Acaso sería la entrada a un multifacético pasaje mosaico que conduce hacia aquel mundo divino parecido al tañer del acorde pulsante en el coro de la sinfonía del Maestro? ¿Habría observado un número infinito de puntos singulares y orquestados, arreglados meticulosamente cual pintura impresionista para conformar un Todo coherente: la encarnación viviente de una inteligencia insondable? ¿O sería la totalidad de mis experiencias sólo un eco casual de un collage, producto de un anhelo desenfrenado que brotaba de una psique deteriorada y fracturada?

Durante los años subsiguientes a mi primera caminata con la Mente Universal, me hice estas preguntas cientos de veces. La repuesta que al final se materializó la llevo en lo profundo de mi corazón. La experiencia que había tenido sólo podía ser transmitida en términos de belleza, gracia e inteligencia. Es como ver la obra maestra de un gran maestro pintor, sentir el suave roce del viento o escuchar los más tiernos susurros o la música más sublime.

Como resultado de resistir las pruebas y tribulaciones durante este peregrinaje personal del espíritu, surgió este escrito. Espero sinceramente que a través de él se hayan sentado las bases que le ayuden a encontrar sus propias respuestas. ¿Es verdad o es falso que existe una energía inconcebible e insondable que penetra todo el universo y bajo cuyas directivas debemos vivir?

A lo largo de todas mis incertidumbres, angustias y escepticismos y de todos los sufrimientos y contiendas intestinas, en lo más recóndito de mi alma siempre he sabido que parte de la razón por la que estamos aquí, parte de nuestro propósito es develar los grandes misterios de la vida. Las maravillas prolíficas y trascendentes de la vida jamás estarán veladas para una mente abierta e inquisitiva.

Con una clara determinación, me aventuré en un viaje a lo profundo de un terreno escarpado que subía a las alturas más elevadas y descendía a los más oscuros abismos. La transformación que ocurrió durante esta odisea mercurial, concluyó en el suave cepillar de los retoques finales sobre la madera refinada. Mis descubrimientos volvieron mi vida mucho más exquisita y preciosa, así como ardiente de mística rapsódica. Pero vistos desde una perspectiva más amplia, la del curso de la infinita e indestructible evolución espiritual, estos incidentes son apenas un parpadeo en la pantalla de la vida.

La realización y compresión más importantes surgieron cuando me percaté de que lo realmente esencial y fundamental en la vida es invisible al ojo físico, pero no a la visión espiritual. Eso suena casi como una paradoja cruel, pero la realidad es que estamos aquí para buscar, trabajar y luchar, tan sólo para percibir y conocer algo que no está justo ahí frente a nosotros, sino que está enteramente dentro de nosotros. Pero, ¿quiénes somos para cuestionar la naturaleza y la forma en que las cosas fueron diseñadas originalmente? La Naturaleza siempre nos conduce a nuestro origen. Infortunadamente, a menudo no le prestamos atención a las señales en la vía.

A lo largo de los años, en repetidas ocasiones me he preguntado: ¿Qué significa llevar una vida espiritual? La respuesta es esta: Una vida espiritual es una vida cuerda. La espiritualidad es cordura.

No estoy hablando en términos clínicos, más bien quiero definir la cordura en términos del grado de distanciamiento de lo que es normal y natural. Al igual que los criminales creen irracionalmente que pueden violar las leyes de la sociedad y salir impunes, es demencia creer que podemos violar e infringir todas y cada una de las leyes de la naturaleza, sin sufrir las consecuencias.

Mientras menos vivamos al unísono y en cooperación con la Naturaleza, más problemas nos crearemos a nosotros mismos. Hemos creado innumerables predicamentos sin razón de ser y hemos virtualmente abierto una caja de Pandora de destrucción potencial, todo ello debido a nuestros deseos y percepciones descarriados. Lo que necesitamos con desesperación no sólo es un cambio en nuestro estilo de vida, sino primera y primordialmente, un cambio de actitud.

Quizás una última historia ilustre la importancia de este punto.

Faltaban uno días para las vacaciones de Navidad y como de costumbre, todo el mundo bullía en toda la ciudad finalizando sus labores, desplazándose entre la muchedumbre para comprar los regalos y en perpetuo movimiento para finalizar las interminables tareas. Parecía como si todo el mundo estuviera acelerado en la modalidad de cámara rápida.

Me encontraba haciendo una diligencia en un edificio de oficinas que cubre una gran vía fluvial que se origina en la bahía. Todos los inviernos, los rebaños de manatíes se congregan en el recodo de este canal de color verde, tratando de huir de las gélidas aguas de mar abierto y permanecer un poco cálidos. En este día en particular, había siete manatíes en el canal. Todos tenían tamaños diferentes y era evidente que el grupo estaba constituido por varias familias. Estos dulces y tiernos animales deben estar entre las criaturas de apariencia más cómica jamás soñadas por la naturaleza. Cuando adultos, se parecen a esos gordos cigarros cubanos pero con aletas. Pero dejando de lado su aspecto, sus ojos reflejan algo que no se observa en los demás animales: Una inocencia completamente indefensa, una vulnerabilidad sin protección, pero al mismo tiempo sabia.

Me paré sobre un puente pequeño, inclinándome sobre la baranda que está encima del agua para observar a estas criaturas tiernas y graciosas, mientras se frotaban la nariz entre ellas y alimentaban amorosas a sus crías. Completamente hipnotizada por los manatíes, estaba en el proceso de hacer contacto visual y una conexión mental con uno de ellos, cuando una mujer emergió a toda prisa de una oficina y pasó cerca de mí a gran velocidad. Por el rabillo del ojo, pude observar que había detenido su carrera abruptamente, dio media vuelta, desandaba sus pasos y se acercaba a mí. En sus brazos llevaba gran cantidad de papeles, archivos y un pesado portafolios, todos apilados hasta su barbilla. Resoplando y sudando copiosamente, se veía que tenía mucha prisa y estaba agobiada por el trabajo.

"¿Qué está haciendo? ¿Qué está mirando?", me preguntó en una forma muy insistente.

"Estoy observando los manatíes", le contesté.

Me miró casi sin creerme. "He escuchado acerca de ellos. ¿Son peces o reptiles?".

"Nada de eso", le contesté. "Son mamíferos. ¿Trabaja aquí?".

Ya ella se estaba tornando más amigable. "Sí, he trabajado como vendedora de bienes raíces en este edificio durante nueve años, pero nunca había tenido tiempo para estar aquí fuera, así que nunca los había visto".

Me dijo que se llamaba María. Cuando ella dijo las palabras "No tengo tiempo", vi a mi antiguo ser reflejado en su rostro. Por alguna razón que nunca sabré, ella dejó sus papeles sobre el suelo y nos paramos en ese puente durante casi una hora y hablamos de la vida, de Dios y de las muchas maravillas de la naturaleza.

Su expresión gradualmente cambió de confundida y tensa a sosegada y calmada. Después de intercambiar tarjetas de presentación, con una cálida sonrisa, retomó sus pasos.

Mientras me quedaba sobre ese puente disfrutando de mis manatíes, la observé alejarse caminando, ahora a un ritmo pausado.

María es la personificación de la demencia urbana. Era una mujer adorable, introspectiva, enérgica y llena de vida. Pero durante nueve años había estado demasiado ocupada "trabajando" para notar a la magnífica especie en vía de extinción que estaba justo en sus narices.

¿Dónde hemos puesto nuestra atención? y ¿por qué nos hemos alejado tanto de lo que es natural e innato? Son preguntas difíciles de responder, pero quizá este libro le haya ayudado aunque sea un poco a encontrar y seguir la senda que asciende en espiral que lo conducirá a las respuestas y a su propia Fuente.

Las primeras experiencias que tuve, hasta ahora las más intensas de todas, fueron la llamada inicial a mi despertar y la anunciación de una vida, vivida con gran esperanza tanto para mí misma como para la humanidad. El proceso evolutivo promete seguir produciendo una revelación creciente de que de hecho todos nosotros somos físicamente parte de una forma colectiva. Usted y yo no sólo estamos relacionados, sino mezclados dentro del mismo reservorio básico de átomos. Tal vez pronto cese el horror de lo que nos hacemos los unos a los otros, y la nobleza del espíritu humano se despierte para siempre y nos conduzca a crear un mundo que finalmente tenga paz.

Todos somos viajeros perpetuos, que navegamos eternamente por los rincones y recodos de las tortuosas y escarpadas sendas de la vida. Al igual que los nómadas errantes, podríamos recorrer este camino sagrado e infinito, sin poder atisbar nuestro destino, que es tan misterioso y desconocido. Pero, sin importar cuántas encrucijadas encontremos, independientemente de los tiempos borrascosos y los sueños destruidos, inevitablemente todas las sendas son entradas que al final nos conducirán al Centro, de regreso a la Fuente y de vuelta a lo Conocido.

Le deseo dicha y serenidad en este viaje maravilloso, y recuerde:

Siempre mantenga la luz, aún en la oscuridad.

Bibliografía

American Psychiatric Association. 1994. *Diagnostic and Statistical Manual of Mental Disorders. DSM-IV.* 4ª ed. Washington, D. C. American Psychiatric Association.

Bailey, Alice A. 1987. *Serving Humanity.* New York. Lucis Publishing Company.

Geisel, Theodore Seuss (seudónimo Dr. Seuss). 1954. *Horton Hears a Who.* New York. Random House.

James, William. 1961. *The Varieties of Religious Experience.* New York. Macmillan.

Jung, Carl G. 1953. "Synchronicity: An Acasual Connecting People." En *The Collected Works of C. G. Jung.* Editores Herbert Read, Michael Fordham y Gerhard Adler. New York, Pantheon Books.

Seigel, Bernie. 1986. *Love, Medicine, and Miracles.* New York. Harper and Row.

Weiss, Brian L. 1996. *Many Lives, Many Masters.* New York. Warner Books.

Otros Libros Editados por Prosperar

URI GELLER, SUS PODERES MENTALES Y COMO ADQUIRIRLOS
Juego de libro, audiocasete y cuarzo
Autor: Uri Geller

Este libro revela cómo usted puede activar el potencial desaprovechado del cerebro, al mejorar la fuerza de la voluntad y aumentar las actividades telepáticas. Además, explica cómo usar el cristal energizado y el audiocasete que vienen junto con el libro.

Escuche los mensajes positivos de Uri mientras le explica cómo sacar de la mente cualquier pensamiento negativo y dejar fluir la imaginación. El casete también contiene una serie de ejercicios, especialmente creados por Uri Geller para ayudarle a superar problemas concretos.

EL PODER DE LOS ANGELES CABALISTICOS
Juego de libro y videocasete
Autor: Monica Buonfiglio

Esta obra es una guía muy completa para conocer el nombre, la influencia y los atributos del ángel que custodia a cada persona desde su nacimiento.

Incluye información sobre el origen de los ángeles. Los 72 genios de la cábala hebrea, el genio contrario, invocación de los espíritus de la naturaleza, oraciones para pedir la protección de cada jerarquía angélica y todo lo que deben saber los interesados en el estudio de la angeología.
Ayuda a los lectores a perfeccionarse espiritualmente y a encontrar su esencia más pura y luminosa. En su primera edición en Brasil en 1994, se mantuvo entre la lista de los libros más vendidos durante varios meses.

ALMAS GEMELAS
Aprendiendo a Identificar el amor de su vida
Autor: Monica Buonfiglio

En el camino en busca de la felicidad personal encontramos muchas dificultades; siempre estamos sujetos a los cambios fortuitos de la vida. En este libro Monica Buonfiglio aborda con maestría el fascinante mundo de las almas gemelas.

¿Dónde encontrar su alma gemela, cómo reconocerla, o qué hacer para volverse digno de realizar ese sueño? En este libro encontrará todas las indicaciones necesarias, explicadas de manera detallada para que las ponga en práctica.

Lea, sueñe, amplíe su mundo, expanda su aura, active sus chakras, evite las relaciones kármicas, entienda su propia alma, para que, nuevamente, la maravillosa unidad de dos almas gemelas se vuelva realidad.

CÓMO MANTENER LA MAGIA DEL MATRIMONIO
Autor: Monica Buonfiglio

En este texto el lector podrá descubrir cómo mantener la magia del matrimonio, aceptando el desafío de convivir con la forma de actuar, de pensar y de vivir de la otra persona.

Se necesita de mucha tolerancia, comprensión y poco juzgamiento.

Para lograr esta maravillosa armonía se debe aprender a disfrutar de la intimidad sin caer en la rutina, a evitar que la relación se enfríe y que por el contrario se fortalezca con el paso de los años.

Los signos zodiacales, los afrodisíacos y las fragancias, entre otros, le ayudarán a lograr su fantasía.

MARÍA, ¿QUIÉN ES ESA MUJER VESTIDA DE SOL?
Autor: Biba Arruda

La autora presenta en este libro las virtudes de la Virgen María. A través de su testimonio de fe, entrega y consagración, el lector comprenderá y practicará las enseñanzas dejadas por Jesucristo.

La obra explica cómo surgió la devoción de los diferentes nombres de María, cuáles han sido los mensajes que Ella ha dado al mundo, cómo orar y descubrir la fuerza de la oración, el porder de los Salmos y el ciclo de purificación; todo ello para ser puesto en práctica y seguir los caminos del corazón.

En esta obra, María baja de los altares para posarse en nuestros corazones. Mujer, símbolo de libertad, coraje, consagración, confianza, paciencia y compasión.

PAPI, MAMI, ¿QUÉ ES DIOS?
Autor: Patrice Karst

Papi, mami, ¿qué es Dios?, es un hermoso libro para dar y recibir, guardar y conservar. Un compañero sabio e ingenioso para la gente de cualquier religión.

Escrito por la norteamericana Patrice Karst, en un momento de inspiración, para responderle a su hijo de siete años la pregunta que tantos padres tienen dificultad en contestar.

En pocas páginas ella logró simplificar parte del material espíritu-religioso que existe, y ponerlo al alcance de los niños, para que entiendan que a Dios tal vez no se le pueda conocer porque es un Ser Infinito, pero sí sentir y estar consciente de su presencia en todas partes.

MANUAL DE PROSPERIDAD
Autor: Si-Bak

Así como se aprende a hablar, a caminar y a comer, cosas muy naturales en nuestro diario vivir, de igual forma hay que aprender a prosperar. Esto es posible para toda las personas sin disculpa alguna.

Para ello debemos intensificar la fe, la perseverancia y la práctica de un principio que nos conduzca por el camino de la prosperidad. Y es esto lo que enseña el "Manual de Prosperidad", el que, de manera sencilla y práctica, coloca en manos del lector reglas, conceptos y principios que le permiten encaminarse en el estudio práctico de la prosperidad y entrar así en su dinámica.

PARÁBOLAS PARA EL ALMA
"Mensajes de amor y vida"
Autor: Yadira Posso Gómez

En este libro encontrará mensajes que han sido recopilados a partir de comunicaciones logradas por regresiones hipnóticas.

La doctora Yadira Posso y su hermana Claudia, han sido elegidas para recibir mensajes de la propia voz de "El Maestro Jesús", a través de procesos de regresión en los que Él se manifiesta por medio de Claudia, quien sirve de médium.

Usted encontrará en esta obra hermosas parábolas para su crecimiento interno y desarrollo personal.

CON DIOS TODO SE PUEDE
Autor: Jim Rosemergy

¿Cuántas veces ha sentido que las puertas se le cierran y queda por fuera del banquete de la abundancia de la vida? ¿Quizás necesitaba un empleo, un préstamo, un aumento de sueldo, un cupo en el colegio o la universidad, o simplemente disponer de más dinero, tiempo, amor, y no se le había dado?¿Se ha preguntado por qué a otros sí, y no a usted?

¿Sabe usted que este universo ha sido creado con toda perfección, y que el hombre tiene el poder de cambiar su vida, dejando que ésta sea un paraíso o un infierno?

Leyendo este libro usted entenderá la manera como puede utilizar su poder para tener acceso a todas las riquezas de este universo. El poder está dentro de usted, y es cuestión de dejarlo actuar. Cuando usted está consciente de la relación que debe tener con el Creador, todas las cosas que desee se le darán, por eso decimos que "con Dios todo se puede".

CÓMO ENCONTRAR SU PAREJA IDEAL
Autor: Russ Michael

¿Busca su pareja ideal? Si es así, este libro está hecho especialmente para usted.

Léalo y descubra la dinámica interna y externa que mágicamente aflora cuando dos seres se reconocen como almas gemelas. La pareja ideal se ama y acepta mutuamente sus cualidades e imperfecciones, libre de egoísmos e intereses personalistas y construye, momento a momento, día a día, una vida plena y autorrealizada, salvando los obstáculos inherentes al diario vivir.

Su autor, Russ Michael le ayudará a descubrir qué y quién es usted en verdad y a quién o qué necesita para realizarse y lograr la felicidad, y cómo aumentar su autoestima y magnetismo para ser una persona de éxito. Sea un espíritu libre y viva cada momento de su preciosa vida dando y recibiendo amor. Usted merece ser feliz.

MI INICIACIÓN CON LOS ÁNGELES
Autor: Toni Bennássar - Miguel Ángel L. Melgarejo

Este libro es una recopilación de los misteriosos y fascinantes encuentros que Miguel Ángel Melgarejo y un grupo de jóvenes tuvieron con ángeles en el Levante de la Península Ibérica.

El periodista Toni Bennássar resume los encuentros de Miguel Ángel siendo aún un adolescente y posteriormente como adulto hasta culminar con su iniciación en el monte Puig Campana, donde estuvo en contacto permanente con los ángeles por un lapso de 90 días, recibiendo mensajes de amor, sabiduría y adevertencia para la humanidad.

Ya sea usted amante de los ángeles o no, este libro colmará su interés y curiosidad por los apasionantes sucesos que aquí ocurren.

Para información adicional y pedidos de cualquiera de los libros editados por Prosperar:

Calle 39 No. 28-20
Tels: (57-1) 368 4938 - 368 4932 - 368 1861
9800-911654
Bogotá, D.C., Colombia
www.prosperar.com